INTERNATIONALES KOMITEE VOM ROTEN KREUZ

DOKUMENTE

HERAUSGEGEBEN WÄHREND DES

KRIEGES 1914-1918

BERICHT

des Herrn Dr. F. PARAVICINI, in Yokohama,
über seinen Besuch der Gefangenenlager in Japan

(30. Juni bis 16. Juli 1918)

ZWANZIGSTE FOLGE

Januar 1919

INTER ARMA CARITAS

VERLAG GEORG & Cᴵᴱ. BASEL UND GENF

1919

Originaltitelblatt

Die Deutsche Bibliothek – CIP Einheitsaufnahme

Wolf Hannes Kalden (Hrsg.):
Jakob August Friedolin Paravicini: Dokumente herausgegeben während des
Krieges 1914-1918. Bericht des Herrn Dr. F. Paravicini über seinen Besuch der
Gefangenenlager in Japan (30. Juni bis 16. Juli 1918).
Reprint des Originals von 1919.

ISBN 978-3-942818-07-0

© Verlag: Kalden-Consulting Bad Soden-Salmünster 2018
Druck: Books on Demand GmbH, Norderstedt

Biographische Informationen der Deutschen Bibliothek
Die Deutsche Bibliothek verzeichnet diese Publikation in der Deutschen
Nationalbibliographie; detaillierte bibliographische Angaben sind im Internet
über http://dnb.ddb.de abrufbar.

Dokumente herausgegeben während des Krieges 1914-1918

Bericht des Herrn Dr. F. Paravicini über seinen Besuch der Gefangenenlager in Japan (30. Juni bis 16. Juli 1918)

Jakob August Friedolin Paravicini

Im Original 1919 erschienen im Programm des Verlages Georg & Cie, Basel und Genf. Im Auftrag des Internationalen Komitees des Roten Kreuzes.

Nach Rücksprache mit dem ICRC neuaufgelegt und mit einem Geleitwort versehen von Wolf Hannes Kalden

Inhaltsverzeichnis

Zum Geleit: Fritz Paravicini und der Erste Weltkrieg in Ostasien

Als am 21. Juni 1918 Dr. Jacob August Friedolin „Fritz" Paravicini vom japanischen Kriegsministerium die Erlaubnis erhielt, im Auftrag des Internationalen Komitees des Roten Kreuzes die Kriegsgefangenenlager in Japan zu besuchen, sollte der Krieg in Europa noch viereinhalb weitere Monate wüten. In Ostasien war der Krieg zu diesem Zeitpunkt schon seit beinahe dreieinhalb Jahren vorbei.[1]

20 Jahre zuvor pachtete das Deutsche Reich am 24. April 1898 das Kiautschou-Gebiet (chinesisch in Umschrift: Jiāozhōu) für 99 Jahre von der chinesischen Regierung. Ein Pachtvertrag, welcher wie alle in diesen Jahrzehnten zwischen China und den europäischen Großmächten geschlossenen Verträgen, nicht gerade auf Freiwilligkeit beruhte. Bereits ein halbes Jahr zuvor, am 14. November 1897, waren deutsche Marineeinheiten unter Admiral Diederichs hier gelandet und hatten das Gebiet besetzt. Der Pachtvertrag umfasste ein Gebiet von 501 km² mit über 300 Dörfern, in dem zukünftig deutsches Recht galt. Drei Tage nach Unterzeichnung des Pachtvertrages wurde die Region Kiautschou durch kaiserlichen Erlass Berlins offiziell zum „Schutzgebiet des Deutschen Reiches" erklärt und, im Gegensatz zu anderen deutschen Kolonialgebieten, welche dem Auswärtigen Amt unterstanden, dem Marineamt unter Admiral Tirpitz unterstellt. Somit besaß das Deutsche Reich neben anderen europäischen Mächten wie dem Russischen Reich, Großbritannien und traditionell Portugal seinen Teil vom sogenannten chinesischen Kuchen.

---

[1] Hinsichtlich der deutschen Kriegsgefangenen in Japan schöpft dieses Geleitwort aus der sehr detaillierten und umfangreichen Dissertation von Ulrike Klein (Deutsche Kriegsgefangene in japanischem Gewahrsam 1914-1920. Ein Sonderfall. Freiburg.1993).

In den folgenden Jahrzehnten wurde das kleine Fischerdorf Tsingtao (alt: Tsingtau, chinesisch in Umschrift: Qingdao) zu einer modernen Stadt mit einem der größten und modernsten Häfen Ostasiens ausgebaut. Der Hafen unterstützte nicht nur die wirtschaftliche Entwicklung der Region, sondern wurde als Freihafen auch zu einem bedeutenden Warenumschlagplatz für die aufstrebende Industrie des Japanischen Kaiserreiches. 1913 wurden hier Waren im Wert von ca. 300 Millionen Reichsmark umgeschlagen. Seine Bedeutung hat der Hafen für den Überseehandel bis heute nicht verloren. Zudem galt Tsingtao aufgrund des angenehmen Klimas bald als Bade- und Erholungsort. Neben dieser zivilen Seite wurde in den Jahren als deutsche Kolonie aber auch der Marinestützpunkt sowie allgemeine Militäranlagen kontinuierlich ausgebaut.

Am Vorabend des Ersten Weltkrieges war nicht unbedingt abzusehen, dass es zwischen dem Deutschen Reich und dem Kaiserreich Japan zu einer militärischen Auseinandersetzung kommen würde. Militärisch durch den amerikanischen Kommodore Matthew Perry mit seinem Geschwader 1854 zur Öffnung des Landes gezwungen und nachdem das Land sich politisch in der sogenannten Restauration der Regierungsgewalt unter Meiji-Tennō 1868 konsolidiert hatte, wurde Japan innerhalb weniger Jahrzehnte zu einer industrialisierten Nation und einer aufsteigenden Militärmacht in Asien. Ausgebildet insbesondere von deutschen Militärberatern, entbrannte 1894 an der Koreafrage der Erste Chinesisch-Japanische-Krieg, welchen Japan innerhalb etwas mehr von einem halben Jahr für sich entscheiden konnte. Die damit einhergehende Oberhoheit über Korea und regionale Hegemonie traf allerdings auf Widerstand der europäischen Imperialmächte, da der japanische Einflussbereich sowohl die russischen Interessen in Ostasien als auch die Kolonialinteressen Deutschland berührte. Im Friedenvertrag von 1895 zwang die sogenannte Triple-Intervention durch Deutschland, Frankreich und Russland das Japanische Reich auf im Krieg annektierte, wirtschaftlich wie militärisch wichtige Gebiete wie die Häfen Port Arthur und Dairen auf der südmandschurischen Kwantung-Halbinsel zu verzichten. Ein Verzicht, welcher nur auf den ersten Blick zugunsten Chinas durchgesetzt wurde, denn nur kurz später übernahm das

Russische Reich Port Arthur und erhielt so seinen ersten eisfreien Militärhafen in Ostasien. Zudem erfolgte nur drei Jahre später die besagte Einrichtung eines deutschen Schutzgebietes auf chinesischem Territorium. Die Demütigung dieser Triple-Intervention wurde in Japan nicht vergessen.

Das japanische Militärpotential erkannte zuerst das britische Empire, als es 1902 zum Britisch-Japanischen Bündnis kam, in dem England auch den Schutz der eigenen Kolonien im japanischen Einflussbereich sah. Auf Grundlage dieses Bündnisses erfolgte 1914 die Kriegserklärung Japans an Deutschland. Dabei konnte das japanische Militär auf seine Erfahrung, das auch europäische Mächte militärisch zu schlagen sind, zurückgreifen. Für Europa überraschend besiegte Japan im Russisch-Japanischen Krieg von 1904/1905 das Zarenreich. Entbrannt war dieser am südmandschurischen Interessenskonflikt der beiden Länder. In einem zeitlich kurzen Waffengang versenkte die japanische Marine sowohl die russische Pazifikflotte als auch die nach Asien verlegte Baltikflotte und Japans Heer eroberte das strategisch wichtige Port Arthur. Die Niederlage in diesem Krieg vernichtete nicht nur den weitaus größten Teil der russischen Marine, sondern schwächte das Militär des Zarenreiches bereits vor Beginn des Ersten Weltkrieges erheblich.

In dieser politischen Konstellation erfolgte kurz nach Ausbruch des Krieges auf den Schlachtfeldern Europas die Bitte des britischen Empires an den japanischen Bündnispartner, deutsche Kräfte in Ostasien aufzubringen und zu bekämpfen. Da vom Gebiet Tsingtaos kein Angriff auf die Gebiete der Gegner erfolgte, sah das Bündnis zwar die Besetzung der deutschen Gebiete durch japanische Militärhilfe nicht explizit vor, aber es stellte für Japan einen nachvollziehbaren Anlass dar, nicht nur den eigenen Interessensbereich auf dem asiatischen Kontinent ausweiten zu können, sondern auch von deutscher Seite Genugtuung für die Triple-Intervention zu erhalten. Am 15. August 1914 erfolgte ein auf sieben Tage befristetes Ultimatum an Berlin, die deutschen Seestreitkräfte aus chinesischen Gewässern zurückzuziehen und Kiautschou bis Mitte September an Japan zu übergeben. Deutschland reagierte mit der sofortigen Mobilmachung in dem Schutzgebiet und bereitete sich auf die Verteidigung vor. Wäre Krieg nicht mit menschlichem Leid verbunden, so könnte ließe sich der folgende Ablauf der Ereignisse von der Stellung des Ultimatums bis hin zur Kriegsgefangenschaft als „vorbildliches" Abbild der Hager Landkriegsordnung und den Regelungen, die Krieg zivilisieren sollten, sehen. Krieg wie er im 20. Jahrhundert sonst nirgendwo so ablaufen sollte.

In Folge des Ultimatums wurden Reservisten und Freiwillige aus ganz Ostasien zusammengezogen, so dass mit der kleinen Militärpräsenz in Tsingtao und den Gesandtschaftswachen von Peking und Tientsin rund 4550 Mannschaftsgrade und 180 Offiziere mobilisiert werden konnten. Darunter auch 286 Österreicher, deren Kriegsschiff *S.M.S. Kaiserin Elisabeth* gerade repräsentativ in Ostasien unterwegs war. Sofort wurde mit der militärischen Befestigung der Ortschaft begonnen, Schützengräben ausgehoben, Minenfelder angelegt, 13 Dampfer und ein Flugzeug mit selbstgebauten Bomben requiriert. Zudem sind am 12. August Frauen und Kinder der Deutschen ausgeschifft worden, genauso wie japanische Zivilisten. Am 24. August erfolgten dann die Kriegserklärung Japans und drei Tage später die Seeblockade der Stadt. Nach mehreren Luftangriffen landeten schließlich am 2. September japanische Truppen mit Unterstützung kleinerer Commonwealth-Kontingente im chinesischen Hinterland 250 Km nördlich des Kiautschou-Gebietes und begannen den Angriff auf das deutsche Pachtgebiet. Überraschenderweise, auch für sich selber, konnte die zusammengezogene deutsche Truppe bis zum frühen Morgen des 7. November 1914 Widerstand leisten, als um kurz nach halb sieben die Kapitulation erfolgte.

Bis auf 67 schwerverwundete Deutsche, welche in britische Gefangenschaft kamen, gingen alle Soldaten in japanische Kriegsgefangenschaft. Dabei unterschied das japanische Militär zu Beginn die Gefangenen in drei Gruppen: der ersten der Nichtkombannten, die weder an der Front noch an Kriegshandlungen beteiligt waren, wurde freier Abzug gewährt. Lediglich wenige Zivilisten befanden sich am Ende unter den nach Japan deportierten Gefangenen. Die zweite Gruppe von etwa 2300 deutschen Soldaten wurde außerhalb in den Moltke-Bergen interniert, allerdings kaum bewacht, so dass einige Gefangene in ihre Häuser zurückkehrten. Lediglich 1300 deutsche Soldaten, die für die Versorgung der Stadt Tsingtao unabkömmlich waren, blieben, allerdings entwaffnet, vor Ort. Nach Meldungen von Plünderungen zog General Kamio als Oberbefehlshaber der japanischen Truppen vor Ort, diese wieder aus Tsingtao ab. Noch am 7. November wurden die Kapitulationsbedingungen schriftlich fixiert und traten am 10. November in Kraft. Unterzeichnet wurde es von japanischer Seite durch Yamanashi Takashi und seitens der Deutschen durch Kapitän zur See Ludwig Saxer. Am Tage zuvor waren die auf beiden Seiten gefallenen Soldaten in zwei Massengräbern beigesetzt worden. Vom 12. bis zum 14. November erfolgte dann die Ausschiffung der deutschen Gefangenen nach Japan. Den Offizieren war es dabei gestattet, ihre Waffen zu behalten. Die Menge an persönlichem Gepäck war weder beschränkt, noch wurde es kontrolliert.

Skizze aus dem Lager Bando
(Quelle: *4 ½ Jahre hinter'm Stacheldraht*)

13

„Ertappt"

Ackerbau und Viehzucht

Skizzen aus dem Alltagsleben im Lager Bando
(Quelle: *4 ½ Jahre hinter'm Stacheldraht*)

Bei der Ankunft in Japan wurden persönliche Angaben wie Name, militärischer Rang und Alter notiert und die Gefangenen per Bahn auf verschiedene, zuerst provisorische Lager in Tempeln, Baracken und öffentlichen Gebäuden aufgeteilt. Die wenigen Wochen zwischen Kriegserklärung und Kapitulation hatten nicht gereicht, für über 4000 Kriegsgefangene Lager zu schaffen, zudem gingen zu diesem Zeitpunkt wie in Europa auch in Japan die Regierungen davon aus, dass es sich um einen kurzen Konflikt bis Jahresende handele und eine provisorische Unterbringung ausreichend sei. Erst jetzt erfolgte der Aufbau angemessener Internierungslager. Bei der gesamten Abwicklung hielten sich die japanischen Militärs eng an internationale Abmachungen.

Als oberster verwaltungstechnischer Instanz unterstanden die einzelnen Lager sowohl dem Kriegsministerium wie dem Außenministerium und wurden jeweils vom Kommandanten nahegelegener Garnisonen geleitet. Aus diesen Garnisonen sowie lokalen Polizeibehören rekrutierte sich auch die Wachmannschaft der einzelnen Lager. Die organisatorischen Abläufe richteten sich im Großen und Ganzen nach denen des japanischen Militärs. Trotz allgemein gefasster Richtlinien aus Tokyo oblag deren Auslegung de facto der jeweiligen Lagerleitung, so dass die Person des Kommandanten und sein Umgang mit der Situation einen sehr starken Einfluss auf die Situation des jeweiligen Lagers hatten.[2] Die Verbindung zwischen Gefangenen und Lageraufsicht wurde durch die Bestimmung von Gefangenenvertretern erreicht, deren Aufgabe sowohl darin bestand, Weisungen der Lagerleitung in den Baracken zu kommunizieren, als auch Gesuche und Beschwerden der Gefangenen weiterzuleiten. Der tagtägliche Lagerablauf an sich wurde weitgehend durch die Selbstverwaltung der Gefangenen abgebildet.[3] Die Hie-

---

[2] Details und Ausprägungen wie beispielsweise eine 42 Punkte umfassende Liste des Lagers Tokushima, welche von der Anordnung, innerhalb der Baracken Pantoffel anstelle von Schuhen zu benutzen, bis hin zu den Straforordnungen bei Widerstand und Fluchtversuch reichte, finden sich in dem zuvor angegebenen Werk von Ulrike Klein.
[3] Einen Einblick in das Lagerleben im vorbildlich geführten Lager Bando geben Willy Muttelsee und Karl Bähr in *4 ½ Jahre hinter'm Stacheldraht. Skizzen-Sammlung*. Gedruckt im Kriegsgefangenenlager Bando in Japan.

rarchie unter den Gefangenen blieb über die gesamte Gefangenschaft bestehen.

Skizze aus dem Lager Bando
(Quelle: *4 ½ Jahre hinter'm Stacheldraht*)

Zum Zeitpunkt der Landung der deutschen Kriegsgefangenen in
den japanischen Häfen befand sich Fritz Paravicini bereits seit 10
Jahren in Japan.[4] Geboren 1874 im schweizerischen Glarus, südlich
des Walensees, besuchte Fritz Paravicini die örtliche Schule, bevor
er an ein Züricher Gymnasium wechselte. Bereits in seiner Schulzeit

---

[4] Die folgenden biographischen Angaben beruhen weitgehend auf dem vom
Internationalen Komitee des Roten Kreuz Kreuzes herausgegebenen Nachruf:
„Dr. Fritz Paravicini. chef de la délégation du Comité international de la Croix-
Rouge au Japon" in *International Review of the Red Cross*. Volume 26, Issue 302,
Februar 1944, Seite 106-109. Online abrufbar unter: https://www.cambridge.
org/core/journals/international-review-of-the-red-cross/article/div-classtitle-
dr-fritz-paravicinidiv/7E4BB169A39AB9139034E7E538FF8495# [07.12.2016].

soll er sowohl wegen seiner überragenden Intelligenz als auch seiner Ausgeglichenheit aufgefallen sein, sowie durch sein Auftreten und seine Umgangsformen. Mit 20 Jahren immatrikulierte er 1894 an der Universität Zürich, wo er, wie sein Vater Dr. Emil Paravicini, Medizin studierte. Gesundheitsbedingt musste Fritz Paravicini sein Studium zeitweise unterbrechen, erwarb aber schließlich am 10. Oktober 1896 seinen Abschluss. Hierauf praktizierte er einige Jahre in der Schweiz, unter anderem vom 8. Oktober 1899 bis 9. Juli 1899 an der Bernischen kantonalen Irrenanstalt Waldau, und erwarb 1900 mit seiner Dissertation *Einige neue Fälle von Steildrehung bei Ovarialcysten: Mitgeteilt aus dem Kantonsspital zu Liestal*[5] an der Universität Lausanne seinen Doktor der Chirurgie. Vier Jahre später wanderte er nach Japan aus, vermutlich angeregt durch seinen Landsmann Ludwig Reidhaar (1856 – 1923), der bereits seit 1902 in Japan im dortigen schweizer Konsulat lebte. 1906 gründeten beide ihre chirurgische und allgemeinmedizinische Gemeinschaftspraxis L. Reidhaar & Dr. Paravicini, in die in den folgenden Jahren noch weitere Partner aufgenommen worden sind.

Zudem entwickelte Paravicini ein starkes Interesse an seinem Gastgeberland, wurde Mitglied der 1873 in Tokyo gegründeten Deutschen Gesellschaft für Natur- und Völkerkunde Ostasiens[6], und vermittelte dessen Sprache, Traditionen wie auch Bräuche innerhalb der ausländischen Kommune in Yokohama.[7] Eng fühlte er sich mit seinem Adoptionsland verbunden, wie er Japan gerne bezeichnete. Vielleicht lag es an seinen engen Kontakten zu vielen Mitarbeitern der ausländischen Konsulate und Botschaften, die Paravicini aufgrund seiner beruflichen Tätigkeit hatte und pflegte, dass während des Ersten Weltkrieges der Schweizer Bundesrat wie auch das Genfer Komitee des Internationalen Roten Kreuzes auf ihn

---

[5] Fritz Paravicini: *Einige neue Fälle von Steildrehung bei Ovarialcysten : Mitgeteilt aus dem Kantonsspital zu Liestal* (zugleich Dissertation an der Universität Lausanne). Zürich. 1900.

[6] Auch Ostasiatische Gesellschaft (OAG) genannt.

[7] Eine Würdigung dieser Arbeit stellt 1935 der Katalog zur *Gedächtnis-Ausstellung Werner Neuhaus, Rudolf Hubscher, Fritz Paravicini: Schenkung (Prof. Wilhelm) Barth [in der] Kunsthalle Basel, 6.-27. Februar* dar.

mit der Bitte zukamen, im Namen des Internationalen Roten Kreuzes die von Japan nach der Einnahme der deutschen Besitzungen in Tsingtao eingerichteten Kriegsgefangenenlager zu inspizieren. Die Wahl auf Paravicini war auch insofern ein Glücksfall für die deutschen Kriegsgefangenen, da einige ihn durch seine Praxis in Yokohama kannten.

Dr. Jacob August Friedolin „Fritz" Paravicini
(Quelle: Internationales Komitee des Roten Kreuzes)

Auf seiner Inspektionsreise zwischen dem 30. Juni und 16. Juli 1918 besuchte Paravicini die Lager und fasste seine Beobachtungen in seinen 1919 erschienenen „Dokumenten" zusammen. Diese genaue und vorbildliche Arbeit zusammen mit seinem persönlichen Engagement legte den Grundstein für die enge Zusammenarbeit mit der Genfer Institution in den folgenden Jahren. 1934 nahm er in Tokyo als Delegierter am 15. Treffen des Internationalen Roten Kreuzes teil und auch nach Ausbruch des Pazifischen Krieges, der den seit 1938 wütenden Krieg auf dem europäischen Kontinent zum Zweiten Weltkrieg eskalieren ließ, wurde dankbar auf seine Expertise zurückgegriffen. 1941 vom Internationalen Komitee des Roten Kreuzes wieder zu dessen offiziellen Vertreter in Japan ernannt, besuchte Paravicini ab Januar 1942 viele Lager britischer und amerikanischer Kriegsgefangener, um dort wichtige Hilfslieferungen zu übergeben und mit den japanischen Führungsstellen vor Ort zu vermitteln. Allerdings sollte er in diesem Krieg eine andere Art von Lager und auch einen anderen Umgang mit Kriegsgefangenen vorfinden. Die Zeiten einer vorbildlichen Behandlung von Kriegsgefangenen waren auch in Japan vorbei.

Dass in diesen Jahren selbst die Interessen des von Paravicini vertretenen Internationalen Roten Kreuzes und des Japanischen Roten Kreuzes auseinander gingen, sollte der Montevideo-Vorfall zeigen. Paravicini wurde am 17. August 1942 vom leitenden Direktor der Kriegsgefangenenlager Murakami vertraulich informiert, dass das japanische Marineschiff *SS Montevideo-Maru* mit australischen Kriegsgefangenen an Bord von einem US-amerikanischen U-Boot versenkt worden sei. Mit der Hoffnung, U-Boot-Angriffe in diesem mörderischen Krieg einschränken zu können, und um diesen in seinen Augen unmenschlichen Akt der amerikanischen Kriegsmarine publik zu machen, telegraphierte Paravicini die Nachricht unverschlüsselt nach Genf, ohne explizit aber auf diese Versenkung einzugehen. Sofort intervenierte das Japanische Rote Kreuz und verhinderte eine Veröffentlichung der Information, da von japanischer Seite befürchtet wurde, der Vorfall könne zu Propagandazwecken missbraucht werden. Erst eine nach dem Krieg von der australischen Regierung eingesetzte Untersuchung unter Major Harold Williams brachte Details zu diesem Vorfall ans Licht und kritisierte in diesem Zusammenhang auch das Verhalten des Japanischen Roten Kreuzes in dieser Situation. Diese einsetzende Aufarbeitung des Montevideo-Vorfalles erlebte Paravicini aber nicht mehr. Er starb am 29. Januar 1944 in Yokohama. Bei seiner Trauerfeier waren nicht nur die Repräsentanten des Roten Kreuzes anwesend, sondern auch offizielle Vertreter der Kriegsgefangenenlagerleitung, ein Vertreter des japanischen Ministeriums für Auswärtige Angelegenheiten und als Repräsentant des diplomatischen Chors ein schweizer Minister.

Wolf Hannes Kalden

Dokumente herausgegeben während des Krieges 1914-1918

I. Einleitung

Am 21. Juni 1918 wurde mir seitens des Japanischen Kriegsministeriums, auf Verlangen der Schweizerischen Bundesregierung und des Internationalen Komitees vom Roten Kreuz, die Erlaubnis erteilt, die Kriegsgefangenenlager in Japan zu besuchen.

Dank der guten Einführung durch unseren Gesandten, Herrn Minister von Salis, fand ich beim Japanischen Roten Kreuz, im Kriegsministerium und im Auswärtigen Amt die beste Aufnahme. Die Herren vom hiesigen Roten Kreuz, die mir zur Begleitung beigegeben wurden, sowie die Begleitoffiziere und Lagerkommandanten, waren in jeder Hinsicht entgegenkommend und hilfreich, so dass es mir eine angenehme Pflicht ist, ihnen auch an dieser Stelle für ihre Freundlichkeit und ihre guten Dienste bestens zu danken.

II. Allgemeine Bemerkungen

Vor dem Besuch der einzelnen Lager wurde ich jeweilen durch den begleitenden Offizier an Hand von Plänen und Notizen kurz orientiert. Im Lager fand dann zunächst eine eingehende Darstellung der Lagerverhältnisse durch den Lagerkommandanten statt und es wurden schriftliche Antworten auf vorher schriftlich von mir gestellte Fragen allgemeiner Natur überreicht, und nähere Auskunft über spezielle Punkte mündlich erteilt. Darauf erfolgte ein Rundgang von ein bis zwei Stunden und entweder schon bei dieser Gelegenheit oder nachher wurde den Sprechern der Gefangenen Gelegenheit geboten, ihre Klagen und Wünsche vorzubringen. Sie taten dies meistens trotz der anwesenden Dolmetscher in durchaus freier Weise, und ich hoffe, dass ihnen ihre durch die Umstände erklärlichen, oft etwas gereizten, Äußerungen nicht übel genommen wurden. Die Lagerkommandanten machten alle den Eindruck ruhiger, verständiger und wohlmeinender Leute, und versicherten mir, sie versuchten den Gefangenen ihr Los erträglich zu machen, und ihnen soviel Freiheit zu gewähren, als mit den internationalen Bestimmungen und den Verfügungen des Kriegsministeriums sich vereinen lasse.

Nach der Zählung vom April 1918 befanden sich in den Lagern 4.627 Gefangene, wovon 4.338 Deutsche mit 186 Offizieren und 289 Österreicher mit 9 Offizieren. 37 Mann waren bis dahin gestorben. Näheres darüber findet sich in den folgenden Berichten über die einzelnen Lager. Es kamen natürlich von Tsingtau eine Anzahl Verletzter und Kranker hierher in Gefangenschaft, von denen einige starben, einige Invalide blieben. Für die letzteren muss ich auch auf eine eigene folgende Zusammenstellung verweisen.

Entlassen wurden 33, wovon 32 gegen Ehrenwort. Entflohen sind 6.

Die Gefangenen sehen im Ganzen gesund und wohlgenährt aus. Die regelmäßig vorgenommenen Wägungen haben überall Gewichtszunahme feststellen lassen. Freude an Arbeit und Bewegung lässt sich allgemein beobachten.

Für die Verköstigung wird von der japanischen Regierung Rohmaterial geliefert im Werte von 30 Sen pro Kopf für die Mannschaft, 34 für die Unteroffiziere, 40 für Offiziersdiensttuende. Darin ist auch der Betrag für Heizung mit japanischen Kohlenbecken vom 10. Dezember bis 10. März inbegriffen, während für Bekleidung und Gebrauchsgegenstände außerdem noch pro Monat 50 Sen für die Mannschaften, 1 Yen für Unteroffiziere und 5 Yen für Offiziersdiensttuende ausgesetzt sind. Die Offiziere beziehen den Gehalt der entsprechenden japanischen Chargen, in letzter Zeit etwas mehr, und beköstigen sich selber; gewöhnlich kochen die Burschen für sie. Bei den rasch ansteigenden Lebensmittelpreisen hat sich der Übelstand ergeben, dass für die oben angegebenen Beträge zurzeit bedeutend weniger Waren erhältlich sind als früher. Lieferung nach bestimmten Maß und

Gewicht, statt nach Preiseinheiten, wäre daher jetzt und wohl noch mehr für die Zukunft zweckmäßiger.

In Ōita erhielt ich eine Zusammenstellung der von der japanischen Behörde im Juni 1918 an die Küche gelieferten Nahrungsmittel, die sich auf rund 200 Mann verteilen. Es wurde in runden Zahlen abgegeben (stets in Kilogramm ausgedrückt): Rindfleisch 274, Rinderfett 44, Rinderknochen 202, Schweinefleisch mit Knochen 244, Eier 30, Kartoffeln 2.831, Zwiebeln 101, Zucker 55, Salz 96, Mehl 157, Fisch 53, grüne Bohnen 26, Tee und Eichelkaffee je 4-5 Kilo, Erbsen 130, Graupen 22, Bohnen 79, Reis 283, Milch 180 Liter, Pfeffer 33 Flaschen und Essig 46 Flaschen. Dazu kommen noch 94 Kg Brot pro Tag.

Es ergeben sich aus diesen Zahlen, bei Benutzung der mir zur Verfügung stehenden Tabellen von Atwater und Bryant und von Seiffert und Müller, etwa 2.050 Reinkalorien pro Mann und pro Tag. Nicht inbegriffen sind hier die aus der Spende des deutschen Hilfsfonds monatlich gekauften Nahrungsmittel, die Liebesgaben von Hilfsvereinen und Einzelnen, und das, was die in diesem Lager zahlreichen Bemittelten sich in der Kantine und außerhalb des Lagers kaufen.

In den folgenden Angaben aus Bando und Niinoshima sind die aus dem Hilfsfonds bestrittenen Zulagen inbegriffen, nicht aber die Spenden anderer Hilfstätigkeit und die Privateinkäufe. Die 900 Mann in Bando erhielten in der Woche vom 1. bis 6. Juli 1918, in Kg. ausgedrückt: Brot 2.655, Kartoffeln 2.887, Rindfleisch 450, Schweinefleisch 75, Kohl 375, Bohnen und Erbsen 510, Zwiebeln 105, Porree 11, Butter 41, Reis 285, Eier 101, Fisch 137, Rüben 187. Es ergeben sich daraus etwa 2.400 Reinkalorien pro Tag und Mann. Eine Zusammenstellung für die rund 500 Mann auf Niinoshima ergibt für dieselbe Woche, hier für den einzelnen Mann in Gramm angegeben: Brot 2.962, Reis 427, Kartoffeln 2.062, Zwiebeln 122, Rüben 37, Kohl 187, Rindfleisch 281, Schweinefleisch 675, Macaroni 169. Daraus lassen sich auf den Mann pro Tag etwa 2.520 Reinkalorien berechnen.

Aus dem Acker- und Gemüsebau, der in einzelnen Lagern in ausgedehntem Masse betrieben wird, ergeben sich weitere

Zuschüsse. Ein Gefangener in Niinoshima überreichte mir eine Berechnung, wonach auf einen Mann im Tag durchschnittlich 56 Gramm Eiweiß kommen. (Dies bezieht sich nur auf das von der japanischen Regierung Gelieferte und enthält das Eiweiß der Zuschüsse nicht). Einige von den nahrhaften, gesunden und billigen einheimischen Speisen, wie die Satsuma-imo (süße Kartoffeln), Soba (japanische Macaroni), Nasubi (Eierpflanze), können leider für die Gefangenenernährung nicht verwendet werden, da sie den Gefangenen nicht munden.

Aus andern, als den angegebenen Lagern, erhielt ich keine Speisezettel mit Gewichtsangaben, doch wird die Ernährung ziemlich allgemein nach demselben Muster durchgeführt. Der Lagerkommandant von Aonogahara gab an, dass sich seine Leute auf 3.300 Kalorien stellen. Dort ist, wie in Bando, Schweinezucht, eine sehr ökonomische Art der Kostaufbesserung, und es wird Gemüsebau in größerem Masse getrieben. Die für Ōita, Bando und Niinoshima errechneten Kalorien scheinen etwas im Widerspruch zum guten Ernährungszustand zu stehen, jedenfalls aber weisen sie darauf hin, dass die Zuwendungen der japanischen Behörde allein kaum genügen würden, und dass für Unbemittelte die Ernährung wohl etwas knapp ist, besonders in Lagern wie Kurume, wo wenig Gelegenheit zu Nebenverdienst und Erzeugung von Bodenprodukten geboten ist. Zum Vergleich ziehe ich hier eine Angabe aus der *Deutschen Medizinischen Wochenschrift,* 1916 S. 1334 herbei, die ich im *Korrespondenzblatt für Schweizerärzte,* 1918, S. 851 finde, und wonach in Deutschland 1916 die Gefangenenkost 2.600 Kalorien, die Lazarettkost 1.858 Kalorien mit etwa 50 Gramm Eiweiß enthielt.

Die Verwaltung der einlaufenden Hilfsgelder und Liebesgaben erfolgt in den meisten Lagern durch die deutschen Offiziere und Feldwebel.

Jedes Lager enthält eine Kantine, wo Lebens- und Genussmittel und allerlei Gebrauchsgegenstände zum Verkauf kommen.

Mannschaften und Unteroffizieren ist nur Bier erlaubt, die Andern sind im Ankauf alkoholischer Getränke nur durch die vorhandenen Mittel und Vorräte eingeschränkt. In Narashino wird besonderes, nach deutscher Art gebrautes Bier ausgeschenkt. In Bando sollen sich die Ausgaben für Bier im letzten Jahre auf 50.000 Yen belaufen haben.

An Kleidern besitzen die Gefangenen zwei Winter- und zwei Sommeranzüge, die zum Teil noch aus Tsingtau stammen und nun ersatzbedürftig geworden sind. Mit dem Ersatz scheint es in den meisten Lagern zu hapern, besonders Deckoffiziere und Offiziersdiensttuende, die mit ihrer knapp bemessenen Geldzulage doch anständig angezogen sein möchten, beklagen sich darüber.

Waschen können die Mannschaften nach Belieben; da und dort wird auch Wäsche, wohl besonders solche der Offiziere, außer Lager von Japanern besorgt.

Das Wasser wird im Allgemeinen durch Ziehbrunnen geliefert, in einigen Lagern durch Wasserleitung; zu Reinigungszwecken kommt auch Flusswasser zur Verwendung.

Die Offiziere haben Betten, die höheren Einzelzimmer, die niedern sind zu zweit, dritt und viert einquartiert, oft ziemlich eng. Die Mannschaften haben dieselben Strohsäcke wie japanische Soldaten. Sie können sie nach Belieben sonnen, gründlich gewechselt aber scheinen sie nur sehr selten zu werden.

Die Offiziere können nach Belieben warm baden, die Andern 1-3 mal pro Woche, auf eigene Kosten öfter. Kaltes Baden ist immer erlaubt. In Kurume baden die Mannschaften zurzeit nur kalt.

Aborte, auch die der Arrestlokale, in einigen Lagern recht primitiv und im Arrestlokal ungedeckt stehend, werden täglich gereinigt, Abfälle täglich weggeführt. In Kurume wurde geklagt, dass die Küchenabfälle oft zu lange im Hof zwischen den Baracken stehen bleiben und einen üblen Geruch verbreiten.

Geheizt wird in japanischen Hibachis (Kohlenbehältern) von 10. Dez. bis 10. März, in Narashino vom 1. Dezember an, je nach Umständen auch sonst, aber dann auf eigene Kosten. Öfen sind an einigen Orten vorhanden, zumal für Offiziere.

Aufstehen, Appell, Mahlzeiten, ärztliche Untersuchung. Lichterlöschen sind ungefähr nach dem Muster der japanischen Soldaten geregelt. Im Übrigen aber verfügen die Gefangenen über ihre Zeit für ihre eigenen Arbeiten, Sport, Lektüre und Ruhe.

In allen Lagern wurde den Ärzten von den kranken Gefangenen mit wenigen Ausnahmen freiwillig Anerkennung und Lob gezollt. Der Gesamtkrankenbericht für 1917 verzeichnet: Amöbendysenterie 2 Fälle, wovon 1 Todesfall, Tuberkulose 12, mit 2 Todesfällen, andere Infektionskrankheiten 51 mit einem Todesfall, Nervenkrankheiten 78, Brustfellentzündungen 8, Erkrankungen der Atmungsorgane 150, Erkrankungen der Kreislaufsorgane 63, Bandwürmer 78, Magen- und Darmkrankheiten 239, Erkrankungen der Harn- und Geschlechtsorgane 18, Syphilis 23, Augenkrankheiten 12, Ohrenleiden 33, Hautkrankheiten 226, Erkrankungen der Bewegungsorgane 60, Verletzungen und Unfälle 357, Selbstmord 1 (dies war der unglückliche Hauptmann S., der sich aus Verzweiflung über die Ermordung seiner Frau das Leben nahm). Todesfälle im Ganzen bis zu unserem Besuch, seit Anbeginn 38.

Fluchtversuche, von denen sechs im Anfang der Gefangenschaft glückten, sind seit Chinas Eintritt in den Krieg wohl aussichtslos, werden aber immer noch von Zeit gemacht und ziehen Zuchthausstrafe bis zu drei Jahren nach sich. Zur Zeit unseres Besuches waren nur in den Zuchthäusern Hiroshima und Takamatsu, das wir wegen seiner Abgelegenheit auf der Insel Shikoku nicht besuchen konnten, deutsche Gefangene in Haft. Unterbringung, Verpflegung und Behandlung sollen dort sehr zu wünschen übrig lassen.

Die Hauptklagen beziehen sich auf die lange Dauer der Gefangenschaft. Nach fast vier Jahren sehnen sich besonders die Älteren — es sind mehrere über fünfzig — und die Verheirateten und Familienväter nach dem Austausch, von dem sie nun in den Zeitungen lesen, dass er in Europa den Gefangenen schon nach anderthalb Jahren zu Teil wird. Obwohl nun ja Deutschland keine japanischen Gefangenen auszutauschen hat, denken die hier in den Lagern Eingesperrten, es müsste sich eine Art und Weise des Ausgleichs finden lassen, oder man könnte wenigstens für sie hier im Lande mehr Freiheit erwirken. Sie fühlen sich vergessen. Auch der Hinweis darauf, dass hier die Ernährung leichter sei, tröstet sie nicht; sie wollen lieber in ihrem Lande hungern, als hier fett werden. Die lange Dauer macht auch Kleinigkeiten unerträglich und steigert die Reizbarkeit mehr und mehr, so dass sich bei vielen das Gefühl entwickelt, statt Milderung trete überall Verschärfung ein. Deutsch und Japanisch sind grundverschieden, gute Dolmetscher in genügender Zahl für die Lager schwer aufzutreiben, und so gibt es eine Menge von Missverständnissen, die gelegentlich sogar zu gewaltsamen Auftritten geführt haben. Verbote und Einschränkungen erfolgen ohne Erklärung und erbittern dann doppelt. Auch die oft sehr langsame Auslieferung von Postsachen hängt hauptsächlich mit sprachlichen Schwierigkeiten bei der Zensur zusammen. Es soll einige Male Geheimschrift verwendet worden sein, was die Zensoren nun noch vorsichtiger und langsamer macht. In Kurume scheinen verschiedene Vorkommnisse auf eine deutschfeindliche Stimmung der dortigen Bevölkerung hinzuweisen, an andern Orten lässt sich eher das Gegenteil wahrnehmen, die draußen arbeitenden Gefangenen stellen sich meistens gut mit ihren einheimischen Arbeitgebern und deren Leuten. Auf den stark entwickelten Nationalstolz der Japaner ist wohl nicht immer Rücksicht genommen worden. Besonders deutsche Offiziere, die an den Verkehr mit den ja grundverschiedenen Chinesen gewohnt waren, mögen den richtigen Ton nicht leicht finden, und sich und ihren Schicksalsgenossen dadurch schaden. Die Japaner sind ungemein empfindlich gegen Verstöße in dieser Richtung. Dazu kommt nun erschwerend die altjapanische Auffassung, dass der Krieger den Tod der Gefangenschaft vorziehen müsse, der Gefangene daher verächtlich sei. Die Japaner von heute, zumal die Offiziere, wissen natürlich gut, dass diese Anschauung kaum noch haltbar ist, doch soll sie, zur Erhöhung der Kriegstüchtigkeit beim Militär noch so gut wie möglich gepflegt werden, und ihr entsprechend wird der Gefangene behandelt, besonders, wo japanische Garnisonen in der Nähe liegen. Trotzdem haben in den meisten Lagern Takt und einige Klugheit ein ganz erträgliches Verhältnis zu schaffen gewusst, und die Lagerkommandanten scheinen im allgemeinen so viel Entgegenkommen zu zeigen, als ihnen in ihrer oft recht schwierigen Lage, zwischen den Anforderungen und Wünschen auf dieser, und den Verfügungen und Einschränkungen auf der andern Seite möglich ist.

Was die Hauptwünsche der Gefangenen sind, lässt sich zum Teil aus dem Gesagten ableiten. Sie möchten mehr Freiheit haben, womöglich ganz frei werden. Am ehesten wäre dies ja den Invaliden und Kranken zu gönnen. Ein eigenes Lager für solche wird seit einiger Zeit angestrebt und wäre wenigstens ein Notbehelf. Sie beklagen sich nicht über ihre Ärzte, aber über die äußeren Verhältnisse. Besonders die Tuberkulösen und Nervenkranken leiden unter der Enge, der Unruhe, dem Staub und dem Eingeschlossensein.

Ein mächtiges Mittel, die Qualen der Gefangen zu vergessen, ist körperliche und geistige Beschäftigung, Arbeit, Unterricht, Anregung. Daran fehlt es noch in einigen Lagern, während in andern, besonders den größeren, recht viel geschieht. Dahingehende Wünsche verdienen sicher Beachtung und Anerkennung, da sie ja beiden Seiten Nutzen bringen.

III. Lager

1 Aonogahara

Besteht seit 20 September 1915, besucht am 7 Juli 1918. Wird erreicht in etwa anderthalb Stunden Autofahrt von Kakogawa aus, einer Station der Shimonoseki-Linie, etwa eine Eisenbahnstunde westlich von Kobe. Eine etwa hundert Meter über Meer gelegene Heide mit viel Gebüsch, Kieferwaldungen, Teichen und weiten Exerzierplätzen umschließt das Lager, dessen Baracken früher für das hier exerzierende japanische Militär benutzt wurden Die Gefangenen, 251 Deutsche mit 4 Offizieren und 226 Österreicher mit 4 Offizieren, wurden vor drei Jahren von Hiroshima hierher verbracht und leben hier auf einem Flächenraum von 22.680 qm, wovon 2.446 qm. Barackenfläche. Von den fünf großen Baracken beherbergt eine Kanzlei, japanische Unteroffiziere, kriegsgefangene Offiziere und Lazarett, eine zweite enthält wieder einen Lazarettraum und dient daneben den gefangenen Unteroffizieren als Unterkunft, in einer dritten findet sich ausschließlich deutsche Mannschaft, und in die zwei übrigen teilen sich Deutsche und Österreicher. Die Deckoffiziere haben ihre kleinen Zimmer zu zweit und dritt an den Enden der Mannschaftsbaracken.

Nach Aussagen des Lagerkommandanten befassen sich 12 einmal im Jahre gewählte Korporalschaftsführer mit dem Lagerhaushalt, Essen, Bekleidung, Krankenanmeldung, Reinigung, Feuerverhütung, Postverteilung und Verbesserungen.

Postverteilung erfolgt je nach Eingang und Dauer der Zensur, bei besonderen Gelegenheiten möglichst innerhalb drei Tagen. Offiziere können 5 Mal im Monat schreiben, die anderen 2-4 Mal.

An Hilfsgeldern laufen im Monat 500 bis 1.000 Yen ein, daneben schicken die verschiedenen Frauenvereine hier und in China, und Einzelpersonen viel.

Deutsche Missionare kommen bei der Nähe Kobes und Kyōtos häufiger als anderswo.

Die Gefangenen arbeiten ohne Zwang, aber recht fleißig. Die Schneider und Schuhmacher im Lager bekommen 7 Sen Taglohn, Küchenchefs 7 Sen, Köche 4 Sen, das letztere sind die gewöhnlichen Ansätze für sogenanntes „Rōeki", eine Art Kontraktarbeit, die hier wegen Mangel an leitenden Fachleuten nicht ausgeübt wird. Gartenanlagen und zahlreiche Lauben machen das Lager freundlicher, und es soll dafür mit der Zeit noch mehr Raum geschaffen werden. Im Lager werden hergestellt: Lebensmittel, z. B. ausgezeichnetes Gebäck, Musikinstrumente, Tabakdosen, in letzter Zeit wurde auch etwas Maschinenbau versucht. Außerhalb des Lagers sind 10.000 qm zinsfrei zur Verfügung gestellt, und früher unfruchtbares Heideland wurde hier durch den Fleiß der Gefangenen in gutes Ackerland umgewandelt, das Kartoffeln, Rüben, Spinat, Tomaten etc. erzeugt und willkommene Extrazulagen zur Kost liefert. Daneben werden Schweine, Kaninchen, Enten und Tauben gezüchtet. Im Herbst soll eine Ausstellung von Lagererzeugnissen stattfinden, und der Lagerkommandant hofft, das Kriegsministerium werde den Gefangenen auch den Verkauf erlauben.

Außer der Arbeit beschäftigen sich die Gefangenen mit Zeichnen, Musik, Turnen, Sport. Musiziert wird täglich nachmittags in den Lauben, an Feiertagen nach Programm. Für Tennis befinden sich zwei Plätze im Lager, sonntags wird Sport außerhalb des Lagers getrieben, z. B. Fußball.

Einmal in der Woche findet ein halb- bis ganztägiger Ausflug nach sehenswerten Punkten der Umgebung statt.

Alle Gefangenen werden einmal im Monat ärztlich untersucht. Gegen Typhus und Paratyphus wird prophylaktisch injiziert. Viermal im Monat kommt der Zahnarzt aus Himeji, der Hauptstadt der Provinz Harima. Dorthin werden auch schwer Kranke ins Lazarett verbracht, während leichtere Fälle im Lager Behandlung finden. Im städtischen Krankenhaus ist zurzeit keiner. Im Lagerrevier fand ich eine leichte Lungentuberkulose, eine Cystitis, eine Holzphlegmone, eine Magenatonie, einen alten Oberschenkelbruch und einen Malariakranken mit Gastritis. Gestorben sind im Lager bisher drei an Tuberkulose und einer an Diabetes, zwei von diesen waren krank als sie ins Lager kamen. Im Durchschnitt beträgt die Körpergewichtszunahme seit Lagereintritt fast anderthalb Kilo; das allgemeine Aussehen ist gut.

Im Lager finden sich sieben Ziehbrunnen, deren Wasser alljährlich untersucht wird.

Die Klagen der Offiziere bezogen sich hauptsächlich auf die ihnen zu Teil werdende Behandlung, die sie als absichtlich demütigend empfinden, besonders die kurze und barsche Anrede von Seite einiger der jüngeren japanischen Offiziere, und die häufige Aufforderung, auf dem Bureau zu erscheinen, irgendwelcher Kleinigkeiten wegen. Der rangälteste deutsche Offizier erschien nervös und äußerst überreizt. Die Herren äußerten auch den Wunsch, häufiger Gelegenheit zu haben, sich auszusprechen, und machten darauf aufmerksam, dass man offiziellen Besuchern im allgemeinen nur die guten Seiten des Lagers zeige, und ihnen wenig Gelegenheit gebe, auf Klagen und Wünsche der Gefangenen einzugehen. In ruhigerer Weise äußerte sich der Hauptsprecher der Mannschaft. Man hätte im Anfang die Gefangenen in Japan gut aufgenommen und ihnen ritterliche Behandlung in Aussicht gestellt, darin seien sie aber jetzt sehr enttäuscht worden. Er ging dann sachlicher Weise zu anderen Klagepunkten über. Briefe blieben 3-4

Wochen nach Ankunft liegen, Mannschaften dürften pro Woche einen Brief und eine Karte, Unteroffiziere einen Brief und zwei Karten, Deckoffiziere zwei Briefe und zwei Karten schreiben, wüssten aber nicht, ob die Sachen abgingen, da die Aussetzungen der Zensur nicht mitgeteilt würden. Die Preise seien sehr gestiegen, so dass jetzt ein Drittel der Lebensmittel durch Hilfsausschuss und Liebesgaben, im Wert von etwa 1.000 Yen im Monat, bezahlt werden müsste. Kleider und Schuhe seien schadhaft. Barackenraum pro Mann 92 cm breit. Nachtruhe häufig durch die Wache gestört. Geld für Arzneimittel ungenügend. Vorträge und Unterricht seien verboten, doch werde dies Verbot zeitweise umgangen.

2 Bando

Vereinigt seit 9. April 1917 die früheren Lager Tokushima, Marugame und Matsuyama. Besucht am 9. Juli 1918. Von Tokushima, dem Hauptort der Präfektur gleichen Namens und der größten und schönsten Stadt der großen Insel Shikoku, führt der schmale Fahrweg etwa 12 km weit durch fruchtbare Felder und über die Flussarme des Yoshinogawa nordwärts zu bewaldeten Höhenzügen, an deren Fuß das neu erstellte, mit Stacheldraht umschlossene Lager schön gelegen ist. Ein Bergfluss läuft der Ostseite des Lagers entlang und liefert Wasch- und Badewasser, näher seinen Quellen in den Bergen wurde durch die Gefangenen selber auch das Trinkwasser in lange Leitungen gefasst. Das Wasser ist sehr gut, aber hier und da knapp. Im Lager selber finden sich hinter den acht großen Mannschaftsbaracken noch zwei Reservoirteiche, und die Offiziersbaracken, und um die Baracken herum und an den Berghängen sich hinaufziehend, etwa achtzig von den Gefangenen selbst erstellte Lauben inmitten kleiner Gärten.

Etwa die Hälfte davon sind Werkstätten und befinden sich in der Nähe der Baracken, die anderen dienen der Erholung und Ruhe. Die Baracken sollen später für die japanische Armee Verwendung finden. Das Lager mit seinen 938 ausschließlich deutschen Gefangenen, von denen 20 Offiziere sind, bedeckt eine Fläche von 57.000 qm, wovon etwa ein Siebtel auf die Baracken entfällt.

In diesem Lager herrscht eine sehr rege und vielseitige Tätigkeit. Fast alle Handwerke, bis zum Photographen und Uhrmacher, werden in den etwa vierzig dafür bestimmten Lauben ausgeübt, eine eigene Lagerzeitung mit guten Illustrationen, Ansichtskarten, Bücher sogar werden im Lager erzeugt. Im Frühjahr fand eine Ausstellung der Produkte statt, die bei den über 10.000 japanischen Besuchern reißenden Absatz fanden. Man zeigte uns noch die Räume mit den originellen Innendekorationen der Lagerkünstler. Ackerbau und Viehzucht werden hier in größerem Maßstabe betrieben. Eine Mustermelkerei mit modernsten Apparaten, für die ein Japaner 5.000 Yen zur Verfügung gestellt hat, liefert mit ihren zehn Stück schönem Fleckvieh einen Teil der Lagermilch und verkauft auch Produkte an die Stadt. Unter den dreißig Schweinen finden sich sehr schöne Zuchtexemplare, Hühner sind über 2.000 vorhanden. Ein japanischer Professor der Landwirtschaft beteiligt sich an der Leitung der Ackerbauarbeiten, japanische Offiziere arbeiten auf verschiedenen Gebieten mit den Gefangenen. Unter den Gefangenen befindet sich ein Professor der Forstwirtschaft, und solche wird unter seiner Leitung in den Waldbergen nördlich vom Lager in größerer Ausdehnung betrieben und liefert Brenn- und Bauholz. In der Nähe eines berühmten, alten Tempels trafen wir die Gefangenen mit der Erstellung eines weitläufigen, von einem Bergbach durchflossenen Parks beschäftigt, in anscheinend nur wenig beschränkter Bewegungsfreiheit. Der Lagerkommandant, der mit einer gewissen Genugtuung auf die nützliche und wohltätige Geschäftigkeit seiner Gefangenen hinweist, und sie nach Kräften fördert, hat noch verschiedene, andere Unternehmungen auf seinem Programm, darunter eine Whiskybrennerei. Für Turnen und Sport, Tennis, Fußball ist sehr reichlich Platz vorhanden, auch außerhalb des Lagers, selbst eine deutsche Kegelbahn fehlt nicht. Vier verschiedene Musikkapellen machen sich Konkurrenz, und ein Gefangener meinte scherzhaft, die Musik sei eigentlich die größte Lagerplage. Die Darbietungen des Orchesters, das zu dem uns dargebotenen, deutschen Mittagessen spielte, dürften sich überall hören lassen. Für Theatervorstellungen sind ebenfalls tüchtige Kräfte vorhanden und üben fleißig. Die Lagerbibliothek zählt sechstausend Bände, die häufigen Gebrauch verraten, neuer Zufluss wird eben immer spärlicher.

Der Gesundheitszustand ist gut. Schwere Krankheitsfälle werden in das Garnisonslazarett Tokushima verbracht, zur Zeit unseres Besuches waren keine dort. Im Revier fanden sich 3 Tuberkulosen, einer mit Rippenkaries. Vier Geisteskranke, die von Matsuyama übernommen wurden, waren vorübergehend etwas gebessert, einer ist aber zurzeit wieder sehr mühsam. Genaueres enthält die Liste der Kranken und Invaliden am Schluss meines Berichtes. Es sind im Lager drei Todesfälle vorgekommen, an Tuberkulose, Darm- und Bauchfellentzündung und einer durch Ertrinken, wobei Selbstmord unwahrscheinlich ist. Eine wohlorganisierte Krankenkasse ergänzt den offiziellen Sanitätsdienst in höchst wirksamer Weise, sie ist völlig Schöpfung der Gefangenen und wird ausschließlich von diesen gespeist. Erleichterung der Beschaffung von Arzneimitteln und der schriftlichen Konsultation früherer Hausärzte wurde gewünscht. Der rangälteste deutsche Offizier beschäftigt sich besonders eingehend mit dem Gesundheitszustand der Leute. Er scheint es in hervorragender Weise zu verstehen, auf taktvolle Weise seinen Wünschen Geltung zu verschaffen und sich mit den Lagerbehörden zu verständigen. Geklagt wurde über die immer steigenden Preise der Lebensmittel.

3 Kurume

Besteht seit 4. Oktober 1914, besucht am 30. Juni 1918. In der Nähe des gleichnamigen Hauptortes der alten Provinz Chikugo, jetzt zur Präfektur Fukuoka gehörig, etwa 36 km südlich im Land von der am Meer gelegenen, blühenden Hauptstadt Fukuoka, an der Eisenbahnlinie Moji-Kagoshima, in der fruchtbaren aber heißen Ebene der Insel Kyūshū.

Das Lager, früher zu Isolierungszwecken für die japanische Armee verwendet, ist das bevölkertste und verhältnismäßig engste. 1.259 Deutsche mit 55 Offizieren und 45 Österreicher mit 2 Offizieren, leben hier auf einer Fläche von etwa 26.000 qm, wovon die 16 großen Baracken mehr als einen Viertel einnehmen. Von diesen sind alle belegt, besondere Lese-, Unterrichts- oder Unterhaltungsräume fehlen. An Spiel- und Erholungsplätzen sind vorhanden: für Offiziere ein Spazier- und Faustballplatz von etwa 290 qm und ein Tennisplatz von ca. 400 qm Fläche, für Unteroffiziere ein Miniaturtennisplatz von 280 qm, für die Allgemeinheit ein Laufplatz von 440 qm in einer Ecke des Lagers, und der Hauptplatz von 680 qm im Zentrum mit Reck, Barren und einer monatlich einmal für Theatervorstellungen geöffneten Bühne. Als Spazierweg dient der schmale Raum zwischen den primitiven Latrinen und dem Bretterzaun, der aber von 7 Uhr abends an gesperrt ist. Außerhalb des Lagers sind kein Platz und keine Arbeitsgelegenheit. Die hier und da veranstalteten Massenspaziergänge wurden der in der Gegend herrschenden Ruhr wegen längere Zeit eingestellt; jetzt sollen aber wieder täglich Abteilungen hinausgeführt werden. Für Blumenzucht, Garten- und Ackerbau, Viehzucht etc. reicht der Platz nicht. Einige Ansätze dazu, sowie zu Handwerksarbeiten, für die es übrigens an Werkzeug mangelt, verraten den Trieb nach Betätigung. Musik ist erlaubt, und es darf einmal in der Woche ein Konzert stattfinden, hingegen ist das Singen im Verein verboten.

Außer den sich aus dem Vorangehenden ergebenden Klagen wurden Beschwerden vorgebracht über teure Preise in der Kantine, Verbot des Bezuges billigerer und besserer Lebensmittel von außerhalb des Lagers, ungenügende Fleischlieferung (600 kg pro Woche), Knappheit der Ernährung im Allgemeinen trotz der 2.000 Yen Monatszuschuss des Hilfsvereins, ungenügende Beleuchtung durch die spärlichen 5-10kerzigen Lampen, dadurch und durch den das Gesichtsfeld einengenden Bretterzaun verursachte Augenschädigungen, Staubplage im Sommer, mangelhafte Heizung und zu wenig Bettdecken im Winter, Mangel an heißen Wasser, jahrelang ungewechseltes Bettstroh, mangelhafte Abfuhr der Küchenabfälle, Nähe der Klosetts und Küchen, Anbringung ungedeckter und nur einmal im Tage gereinigter Klosetts in den Arrestlokalen, Mangel an Luft, Licht und Pflege im Lazarett, dem die Kranken durch Verheimlichung ihrer Leiden zu entgehen suchen, obschon sie die Tüchtigkeit des Arztes hervorheben, ungenügende Dolmetscher, schlechter Postdienst, bei dem einlaufende Briefe oft monatelang liegen bleiben.

Trotz alledem schienen wenigstens einzelne der Offiziere sich nicht allzusehr nach Versetzung in andere, begünstigtere Lager zu sehnen, sondern drangen eher darauf, dass an Ort und Stelle Verbesserungen und Erleichterungen geschaffen würden. Das war auch damals schon geplant, und es war durch unseren Gesandten schon wiederholt auf die Missstände hingewiesen worden.

Nachträglich geäußerte Wünsche bezogen sich noch auf die Zulassung sämtlicher Missionare, und auf freien Ausgang der Offiziere, wöchentlich eine Stunde.

Das Aussehen der Gefangenen ist auch hier im Grossen und Ganzen gut, das Körpergewicht im Zunehmen. Geisteskranke sind keine hier, die Anzahl der Lungentuberkulosen wurde mir als drei angegeben, doch sollen außer diesen einige Lungenblutungen aus Furcht vor dem unfreundlichen Lazarett verheimlicht worden sein. Ich besuchte im Lazarett den offenbar an Aszites infolge Leberzirrhose leidenden Hauptmann M., für dessen Verbringung in eine freundlichere Umgebung ich beim Lagerkommando nach meiner Rückkehr schriftlich Schritte tat.

Den sehr tüchtigen und allgemein beliebten Chefarzt verdanke ich ausgezeichnete, deutsche Auszüge aus den Krankengeschichten der acht im Lager Verstorbenen. Es waren 4 Lungentuberkulosen, zwei davon kompliziert mit Kehlkopftuberkulose, eine mit rechtsseitiger, exsudativer Pleuritis und eine mit Gangrän, ferner eine Darmtuberkulose, eine Weill'sche Krankheit, eine chronische, eiterige Otitis, die in Mastoiditis, Meningitis und Kronpose Pneumonie überführte, und ein Fall von infizierten Steckschüssen der Bauch- und Hüftgegend, der am 15. Okt. 1914 von Tsingtau, wo er am 28. September die Verwundung erlitten, hergebracht wurde und am 25. Okt. 1914 allgemeiner Sepsis erlag.

Das Lager wurde im August um 167 Mann entlastet.

4 Nagoya

Besteht seit 14 November 1914, besucht am 13 Juli. Liegt in der Nordostecke der Stadt gleichen Namens, der viertgrößten Japans und der wichtigsten Station zwischen Kyōto und Tokyo. Das Lager ist eines der älteren und war in Manchem für Aonogahara und Bando vorbildlich.

Eine Offiziers- und vier Mannschaftsbaracken beherbergen die 494 Deutschen mit ihren 12 Offizieren und nehmen ungefähr ein Zwanzigstel der 40.000 qm. Lagerraum ein. Die üblichen Bureaux, Verwaltungsgebäude etc. lassen Raum für einen großen Spielplatz, 6 Tennisplätze und etwa ein halbes Dutzend kleinere und größere, bewaldete Hügel mit von den Gefangenen erstellten Lauben. Es kommen auf den Mann etwa 3 qm Barackenraum.

Der Kommandant bekannte sich zum Grundsatz, die Leute möglichst gut zu behandeln, aber Ungehorsam streng zu strafen.

Das Lager hat Anschluss an die städtische Wasserleitung. Die Reinigung der Aborte und das Wegschaffen der Abfälle geschehen am Morgen durch Japaner.

Etwa 170 der Gefangenen gehen täglich auf Arbeit in die städtischen Eisenwerke, Färbereien, und eine Porzellanfabrik, deren Direktor deutsch spricht und die wir besuchten. Die Leute sind froh über die Abwechslung, und Manchem kommt der Taglohn von 60 Sen bis ein Yen zugute. Sie bekommen an einigen Orten überdies noch das Mittagessen, im Werte von etwa 25 Sen. Erholungspausen inbegriffen bleiben sie etwa 8 Stunden an der Arbeit. Die japanischen Arbeitgeber rühmen ihren Fleiß, und ihre den Japanern weit überlegene Körperkraft.

Bäckerei ist im Lager. Das Rohmaterial für die Küche kommt von außen, abgesehen von etwas Geflügel, das im Lager gezüchtet wird.

Unter den Gefangenen befinden sich geschickte Handwerker. Wir sahen sogar eine noch nicht ganz fertige, im Lager entstandene Orgel, und eine recht schön arbeitende, von einem Gefangenen erbaute Dampfmaschine.

An Sport wird neben Tennis besonders Fußball betrieben.

Die Lagerbibliothek umfasst etwa 4,000 Bände.

Im Revier fanden sich 2 Magendarm- und 2 Geisteskranke. 2 Tuberkulosen sind im Lager ausgeheilt. Das Garnisonslazarett Nagoya nimmt schwerere Krankheitsfälle aus dem Lager auf; zur Zeit unseres Besuches waren keine dort. Im ersten Kriegsjahr war ich einmal telegraphisch zu einem letal endigenden komplizierten Typhus dorthin gerufen worden, und hatte mich überzeugen können, dass die Ärzte ihr Möglichstes für ihn getan. Außer diesem sind im Lager noch drei Todesfälle vorgekommen. Ursachen Gehirnblutung, Diabetes, Lungen und Kehlkopftuberkulose. Zweimal wöchentlich besucht ein Zahnarzt von Nagoya das Lager.

Von der Mannschaft liefen keine nennenswerten Klagen ein. Die Offiziere leiden unter zunehmender Abstumpfung und Erschlaffung. Sie sind in letzter Zeit strenger von der Mannschaft abgesondert als früher, und beklagen sich, dass dadurch viel geistige Anregung für sie wegfällt, da sie sich gegenseitig nicht mehr viel mitzuteilen haben. Der Lagerkommandant gab disziplinarische Gründe für diese Maßnahme an.

5 Narashino

Ein neues Lager, seit 7. September 1915 bestehend, nach dem auch die Offiziere von Fukuoka mit ihren Leuten verbracht wurden und das noch in ständiger Vergrößerung begriffen ist. Es liegt in der Nähe ausgedehnter, besonders Kavallerie dienender Baracken, Kasernen und Exerzierfelder, etwa 30 km. Ostnordöstlich von Tokio, mitten in Heideland und Äckern, und wurde von uns am 16. Juli 1918 in etwa anderthalbstündiger Autofahrt vom Roten Kreuz Gebäude in Tokio aus erreicht.

Das Lager ist nicht mit dem üblichen Bretterzaun sondern nur mit Stacheldraht umschlossen; es deckt eine Fläche von über 95.000 qm, ist somit räumlich bei weitem das größte in Japan. Auf die 8 Mannschafts- und 3 Offiziersbaracken entfallen etwa 8.000 qm. Sie beherbergen 546 Deutsche mit 40 Offizieren und 2 Österreicher, wovon der eine Offizier. Ein großer Spielplatz, 3 Tennisplätze, zahlreiche Lauben, von kleinen Gärten umgeben, ein Musikpavillon,

Werkstätten, Schlachterei, Bäckerei, die ganz ausgezeichnetes Brot liefert, Wäscherei, Küchen, Baderäume etc. Es bleibt noch reichlich Raum für geplante Vergrößerungen und Verbesserungen übrig. Dem Kartoffelbau wird besondere Aufmerksamkeit geschenkt. Die Schlachterei befasst sich auch mit. Wurstfabrikation. Seife wird im Lager erzeugt. Ein vortreffliches Streichorchester erfreute uns durch vorzügliche Leistungen auf im Lager hergestellten Instrumenten, die Vorträge des Gesangvereins standen dahinter in keiner Weise zurück.

Hundert Mann ziehen täglich aus, um an der Vergrößerung des Lagers zu arbeiten. Löhne für derartige Arbeiten betragen 7 Sen im Tag für Unteroffiziere, 4 Sen für Mannschaften. An monatlichen Unterstützungen beziehen die Deckoffiziere 4,65, die Unteroffiziere 2,10 und die Soldaten 1 Yen, wie in den anderen Lagern. Das Arrestlokal dieses Lagers ist bis jetzt noch nicht benutzt worden. Im Mai in Deutschland abgegangene Briefe sind schon zur Verteilung gelangt.

Im Revier fand ich zwei fast geheilte Lungentuberkulosen, eine Nierentuberkulose und eine Wanderniere, im nahen Garnisonslazarett eine leicht verlaufene, nicht operierte Appendizitis. In Letzteres werden alle ernsteren Fälle verbracht; eine Liste der bis jetzt dort behandelten ergibt 1 tuberk. Meningitis, 1 akute Otitis media. 1 Tonsilitis mit Laryngitis, 1 Pneumonie, 1 Pleuritis, 1 akute Gastritis, je einen Fall von Magenkrämpfen und Leberleiden, 7 Appendiziten, 1 akute und eine chronische Kolitis, 1 Periproctitis, einen Fall von Hämorrhoiden, 1 Wanderniere, 1 Nierentuberkulose, 1 Hydrocele, 2 Patellarfrakturen, 1 akute Alkoholvergiftung und 1 Influenza. Im Lager kommen täglich etwa 20 Mann zur ärztlichen Untersuchung. Gestorben sind bis jetzt vier, an Tuberkulose der Lungen und Meningen, an Pyopneumothorax und an Appendizitis.

Der Lagerkommandant war in Deutschland und hat Verständnis für deutsches Wesen, findet aber seine Aufgabe oft recht schwer und undankbar. Wünsche und Klagen wurden mir vom früheren Gouverneur von Tsingtau unter Beziehung seines rangältesten Offiziers persönlich vorgetragen mit der einleitenden Bemerkung, sie sprächen nicht für sich, sondern für die Allgemeinheit. Die

Herren betonten, wie besonders für die Invaliden aller Lager eine Verbesserung, womöglich Heimsendung angestrebt werden sollte. Ferner wiesen sie darauf hin, wie eine ausreichende Ernährung überall nur durch Zuschüsse möglich sei. Die richtige Basis für die Lieferungen wäre die Menge und der Nährgehalt der Speisen, nicht deren, jetzt in stetem Steigen begriffener Geldwert. Gebrauchsgegenstände können nur durch Vermittlung der Kantine bezogen werden, welche europäischen Bedürfnissen wenig Warenkenntnis entgegenbringt. Es wäre wünschenswert, dass Freunde außerhalb des Lagers beim Einkauf helfen dürften. Die Post, besonders für die Gefangenen mit Familie in fernen Landen von größter Bedeutung, könnte noch wesentlich mehr leisten. Es wurde gewünscht, dass Absenden kleiner Pakete z. B. an die Kinder der vielen in China weilenden Familien, und Bezug von Sachen von dort erlaubt werden. Eine allgemeine Klage bezieht sich auf das enge Zusammenleben, den Mangel an Einzelzimmern und an Ruhe. Die Massenspaziergänge sind, besonders für ältere Herren und höhere Offiziere, zum mindesten keine Erholung. Es sollte in diesem Lande, wo ja Flucht seit dem Eintritt Chinas in den Krieg unmöglich geworden, freier Ausgang der Offiziere gegen Ehrenwort angestrebt werden.

6 Niinoshima

Besteht seit 19. Februar 1917, auf der Insel gleichen Namens etwa 8 km südsüdwestlich vor Hiroshima, der bedeutendsten Stadt westlich von Kobe in der Inlandsee. Von uns am 4. Juli 1918, von dem seiner Naturschönheiten und Tempel wegen berühmten Miyajima aus besucht. Das Lager liegt nahe am Strand am Südwestfuße des etwa 300 m. hohen mit Gras, Buschwerk und etwas Wald bewachsenen, zum Teil bebauten Inselgebirges.

Die Baracken wurden im russisch-japanischen Krieg als Quarantänestation benutzt. Es sind deren vier für Mannschaften, eine für Deckoffiziere und Unteroffiziere, eine für Offiziere, eine dient als Revier. Sie nehmen etwa 3.500 qm Fläche ein, während das ganze Lager mit Verwaltungsgebäuden, Küchen, Bäckerei, Kantine,

Bädern, Waschräumen, zwei Tennisplätzen, einem großen Spielplatz u. s. w. etwa 16.000 qm deckt. Es leben hier 536 Deutsche, wovon 28 Offiziere, und 9 Österreicher mit 2 Offizieren.

Die Lage auf einer Insel bringt etwas erschwerte Verpflegung und höhere Lebensmittelpreise mit sich. Das Fleisch kommt zum Teil von Tsingtau. Ziehbrunnen haben sich die Gefangenen selber gebaut. An den Hängen des hinter dem Lager ansteigenden Berges sind Lauben, Blumen- und Gemüsegärten in weiter Ausdehnung erstanden. Von hier aus ist der Ausblick auf das Meer und die anderen Inseln sehr schön, während dem Lager selber ein Bretterzaun nach der Meeresseite hin alle Aussicht nimmt. Das Lager liegt mitten in der strategischen Zone des Kriegshafens Kure, was früher als Grund der Beschränkung angegeben wurde.

Der Rapport des Lagerarztes ergab für jenen Tag Folgendes: Ein Mann mit chronischem Gelenkrheumatismus lag in seiner Baracke, einer mit Schnittwunde und einer mit sekundärer Syphilis waren an der Arbeit, im Revier waren 1 Bronchitis, 2 akute Gastritiden, 2 chronische Enteritiden, 1 Analfissur, 1 Fall von Hämorrhoiden, 1 komplizierte Fersenbeinfraktur, 2 sekundäre Luesfälle, 3 Neurasthenien, 1 nervöse Arrhythmie zugleich an Appendizitis leidend, 1 rheumatische Tendovaginitis. Schwerere Fälle werden nach dem Garnisonsspital Hiroshima verbracht, das wir am 5. Juli besuchten. Im neuesten und schönsten Pavillon dieses weitläufigen, saubern und gut ausgestatteten Lazaretts, das mit den überall zwischen den Baracken liegenden Gärtchen und Bäumen einen freundlichen Eindruck macht, fanden wir 13 kranke Gefangene; von diesen litten 2 an Bronchialasthma, 1 an Lungentuberkulose, 1 an Leistenbruch, 4 an Appendizitis, 1 an Analfissuren, 1 an sekundärer Syphilis, 1 an chronischer, eitriger Mittelohrentzündung, 1 an Unterschenkelgeschwür und 1 an Distorsion des Kniegelenks. Einen der Asthmafälle ging es ziemlich schlecht. Im Übrigen herrschte hier eine bessere Stimmung als an irgendeinem der andern von uns besuchten Orte. Der Tuberkulose, über 50 Jahre alt, aber trotz Kehlkopfkomplikation sehr blühend aussehend und anscheinend auf dem Wege der Besserung, spazierte im Garten und klagte bloß über Langeweile. Von den Appendixfällen waren drei frisch im Frühstadium operiert und in sehr guter Verfassung. Auch die früheren, im Folgenden erwähnten Fälle, meistens Frühoperationen in Lokalanästhesie, hatten gute Resultate gegeben.

Im Gesamtrapport des Spitals fanden sich an früher behandelten Gefangenen folgende Fälle: Influenza 1, Lungentuberkulose 3, Typhusbazillenträger 1, Neurasthenie 2, Ischias 1, Trigeminusneuralgie 1, Sarkom, vom Ischiaticus ausgehend 1, akute Bronchitis 1, chronische Rhinitis 1, chronische Bronchitis 1, Empyem der Oberkieferhöhle 1, Nasenseptumentzündung 1, Septumdeviation 1, Bronchialasthma 3, Oberlappenpneumonie 2, Aortenstenose 1, nervöse Arrhythmie 1, Hämorrhoiden 1, Hämorrhoiden mit Rhagaden 1, After- und Harnröhrentripper 1, akute Enteritis mit Hämorrhoiden 1, chronische Enteritis 1, akute Tonsilitis 1, Leistenbruch 1, Analfistel mit äußeren Hämorrhoiden und Gastritis 1, Appendizitis 8, Gallenstein 1, Mastdarmrhagaden 1, Striktur und Prostatahypertrophie 1, chronischer Tripper 1, syphilit. Lymphadenitis 1, sekundäre Syphilis 1, Ulcus Korneae 2, chronische Mittelohrentzündung .4, wovon 2 eitrig, chron. Ekzem 1, Ulcus cruris 4, Gesichtsfurunkulose 1, Hydrops des Kniegelenks 1, Bursitis patellaris 1, Kontusion der Kniescheibe 1, Fraktur der Kniescheibe 1, Beinbruch 1, Distorsion des Kniegelenks 2, Schuss- und Bajonettverletzungen 7. Gesamtzahl der Todesfälle 3, Ursachen: syphilitische Darmperforation, Sarkom, akute Pleuritis.

Im Zuchthaus Hiroshima befinden sich zurzeit 2 deutsche Gefangene, von denen einer nach Aussage des ihn besuchenden Schweizer Pfarrers Hunziker über nichts zu klagen hat. Der Andere empfindet die Härte, die man hierzulande besonders Flüchtlingen gegenüber an den Tag legt.

Die Hauptklagen des Lagers Niinoshima beziehen sich auf das sogenannte „Rōeki", das man vielleicht am ehesten mit „Pflicht"- oder „Kontraktarbeit" übersetzen kann, dem aber so wie es hier gehandhabt zu werden scheint, der Ausdruck „Zwangsarbeit" eher gerecht wird. Die Gefangenen transportieren in täglich wechselnden Abteilungen für 4 Sen Taglohn Erde auf Karren durch die Stadt Hiroshima. In anderen Lagern ist das „Rōeki" weniger gemeine Kuliarbeit und wird von den Gefangenen als angenehme

Abwechslung begrüßt. 160 Mann in diesem Lager, die sich als Nichtkombattanten bezeichnen, und von denen 6 über 50 Jahre alt sind, beschweren sich in einer eigenen Eingabe über die ihrer Ansicht nach widerrechtliche Gefangenhaltung. Andere Klagen beziehen sich auf den Lärm im Lager, den mangelhaften Postdienst, das Unbeantwortetbleiben von Beschwerden, und wünschen, dass man in China lebenden Angehörigen von Gefangenen erlaube, nach Japan zu kommen, wenigstens gelegentlich für ein paar Sommermonate. Der rangälteste deutsche Offizier beklagt sich bitter, dass die gefangenen Offiziere schutzlos Beschimpfungen durch ihre eigene deutsche Mannschaft ausgesetzt seien, und betrachtet es als großen Übelstand, dass Offiziere und Mannschaften ein gemeinsames Lager haben. Vergleiche hiermit die gerade entgegengesetzten Wünsche der Offiziere in Nagoya und Ōita.

7 Ōita

Hauptstadt der Präfektur gleichen Namens, im Nordosten der Insel Kyūshū an der Beppū Bucht der Inlandsee gelegen, mit etwa 40.000 Einwohnern. Sie macht in seiner eher dorfartigen Anlage, inmitten fruchtbarer Felder und in der Nähe des Meeres und waldiger Höhenzüge, einen ganz ländlichen Eindruck. Am 2. Juli 1918 besuchten wir das am 4. Dezember 1914 gegründete Lager im Auto von dem etwa 12 km westlich davon gelegenen Beppū, einem durch seine einzigartige Vereinigung von Meer- und Thermalbad berühmtem Kurort aus.

Es sind 215 Deutsche hier untergebracht, wovon 20 Offiziere, diese im Roten Kreuz Gebäude, die Mannschaft in einem Teil des Schulhauses, ziemlich eingeengt, im Ganzen auf etwa 8.000 qm. Fläche, wovon über 1.200 auf die Unterkunftsräume entfallen. 1-2 Mal wöchentlich findet Fußball außerhalb des Lagers oder Spaziergang in die Hügel, oder ans Meer zum. Baden, statt. Seit 1 Offizier und 2 Soldaten in einer Regennacht entwichen und dann im Bordell wieder eingefangenen wurden, was eine Bestrafung des Lagerkommandanten durch das Kriegsministerium nach sich zog, sind einige Verschärfungsmaßregeln eingetreten. Die hier untergebrachten Gefangenen sind zum größeren Teil bemittelt, und da sie viel von außerhalb beziehen, haben die Händler Ōitas einen beträchtlichen Verdienst durch sie; nach einer Zeitungsmeldung soll im Betrag von über 2.000 Yen monatlich bei ihnen eingekauft werden. Die Offiziere vertreiben sich die Zeit so gut es geht mit Fach- und anderen Studien, einer befasst sich eingehend mit Buddhismus, bei einem andern sah ich umfangreiche Vorarbeiten zu einem großen Wörterbuch der verschiedensten asiatischen Sprachen. Die Mannschaft hält unter sich sehr strikte Disziplin und turnt fleißig.

Über einen tuberkulösen Offizier und andere im Lager befindliche Leidende gibt das Verzeichnis der Invaliden und Kranken Auskunft. Lungentuberkulose und Aortenaneurysma haben die beiden Todesfälle im Lager verursacht.

Die Wünsche der Offiziere bezogen sich auf: Erlaubnis der früheren Anzahl von Spaziergängen und Seebädern. Bessere Reinigung. Desinfektion und Instandhaltung von Aborten und Ab-flussrinnen. Kleine Verbesserungen der Heizung und Beleuchtung. Mieten von Gartenland. Vergrößerung des Spielplatzes. Beschaffung von Turngeräten. Erleichterung des Verkehrs mit der Mannschaft, um Orchestermusik treiben zu können. Möglichst rasche Absen-dung der Post. Entsprechende Antwort auf ordnungsmäßig gestellte Bitten und Anträge. Hinzuziehung eines deutschen Offiziers zum Übersetzen von Befehlen aus dem Japanischen ins Deutsche, wodurch häufig Missverständnisse verhütet werden könnten. Unbedingte Wahrung des Briefgeheimnisses. Erlaubnis, in den heißen Sommermonaten sich bis abends 11 Uhr im Freien aufhalten zu dürfen. Erlaubnis, statt wie bisher nur auf eine englische Tageszeitung, auf zwei derselben abonnieren zu dürfen.

Die Mannschaft beschwert sich über: Allzu starke Einengung, nur 2,2 qm Platz pro Mann. Verschlechterung des Essens, Reduktion der Fleischration um 50-60 % gegen früher. Einschränkung der Spaziergänge, die früher wöchentlich, jetzt nur noch monatlich stattfinden. Anbringung von Holzblenden auf Veranlassung der Schulbehörden, wodurch den ohnehin schon stark belegten Räumen Luft und Licht benommen werden. Missverständnisse beim

Übersetzen von Gesuchen und Befehlen. Missachtung des Briefgeheimnisses. Weigerung, offizielle Briefe an japanische Behörden weiter zu geben. Ungenügende Lieferung von Bekleidungsstücken an Unbemittelte. Öffnen von Postpaketen, nicht wie früher im Beisein der Gefangenen, sondern im Bureau, wodurch Verwechslungen vorkommen. Gelegentliches tätliches Eingreifen der japanischen Soldaten, unter Duldung der Lagerverwaltung. Mangel an Badewannen und Duschen.

Das Lager wurde am 25. August 1918 nach Narashino verlegt. (vgl. Anhang III).

8 Shizuoka

Nächst Nagoya die größte Stadt zwischen Yokohama und Kobe an der Tokaidō-Linie, 64.000 Einwohner. Hauptort der Präfektur gleichen Namens, berühmt durch gutes Klima, in der Nähe des Meeres und des malerischen Kuno Berges gelegen. Von uns am 13. Juli 1918 besucht.

Das Lager mit 99 Deutschen, wovon 7 Offiziere, und 7 Österreichern, seit dem 9. Dezember 1914 bestehend, ist im zweistöckigen Rotkreuzgebäude ziemlich eng untergebracht. Von den fast 4.000 qm Bodenfläche entfallen etwa 700 auf die Gebäulichkeiten. Dem versucht man etwas abzuhelfen durch Benutzung des großen neben dem Lager liegenden Platzes des Seminars, wo Gelegenheit zu Bewegung, Tennis, Fußball gegeben wird. Außerdem finden 1-2 Mal wöchentlich Spaziergänge, z. B. zu den aussichtsreich auf dem Kuno-san gelegenen Erinnerungsstätten der berühmten japanischen Heerführer und Staatsmänner Ieyasu, Nobunaga und Hideyoshi statt. In der heißen Jahreszeit sind auch Fluss und Meerbäder gelegentlich gestattet, ebenso Sonnenbäder, Gartenbau, Handarbeit, Lesen, Studium, Schachspiel etc. helfen auch etwas, das schwere Los erträglicher zu machen.

Bücher und Zeitschriften sind ziemlich reichlich vorhanden. Nötig und sehr willkommen sind die hier häufig eingehenden Liebesgaben. Es laufen im Monat pro Mann etwa 7 Poststücke ein, Zensur und Ausgabe finden täglich statt. Gewöhnliche Arbeit, auch

Kochen, wird mit 4 Sen im Tag bezahlt. Der Lagerschneider erhält 7 Sen, die draußen in der Stadt arbeitenden 11 Erdarbeiter, 2 Bäcker, 1 Zimmermann und 7 Eisenarbeiter erzielen je nach Leistungen bis zu 40 Sen Taglohn. Die Lagerverwaltung versucht für möglichst Viele solche den Leuten sehr willkommene Arbeit zu finden.

Die sämtlichen Insassen dieses Lagers waren beider Einnahme Tsingtaus krank im dortigen Lazarett; jetzt kommen nur noch 4-5 als wirklich körperlich Leidende in Betracht. Näheres siehe Liste am Ende des Berichts. Das Durchschnittsgewicht der Leute ist 81 kg. Im Lager ist ein Todesfall vorgekommen, an akuter, eitriger Hirnhautentzündung. Verursacht durch Geschoßwunde im Vorderkopf.

Die Gefangenen besuchen den Zahnarzt in der Stadt.

Das Lager wurde am 25. August 1918 nach Narashino verlegt (vgl. Anhang III).

Yokohama, September 1918
Dr. F. Paravicini
Delegierter des Internationalen Komitees
Vom Roten Kreuz in Genf.

Anhang I: Listen von Invaliden und Kranken

Nicht vollständig, da sich nicht überall gerade die am meisten Leidenden am lautesten bemerkbar machen konnten, und nicht objektiv, da die Zeit eigene Untersuchungen nicht gestattete. Aus den einzelnen Lagerberichten und den darin hier und da enthaltenen, aus japanischen Rapporten übersetzten Angaben über Kranke, lässt sich Einiges entnehmen; in Bando wurde mir eine ausführliche Liste von dem sehr einsichtigen rangältesten deutschen Offizier übergeben. Im Übrigen aber musste ich mich auf die Aussagen und den allgemeinen Eindruck derjenigen verlassen, die ich überall in den

Revieren und Spitälern besuchte, oder die sich mir bei den Besprechungen als Invalide und Kranke vorstellten. Ein großer Teil dieser leidet naturgemäß sehr unter Verhältnissen, die schon für Gesunde schwer erträglich sind, und es wäre die erste und schönste Aufgabe des Roten Kreuzes hier Erleichterung zu schaffen. Die Leute, wie ja alle Gefangenen, hoffen immer noch auf einen Heimtransport. Sie wissen, dass zu Hause Austausch schon nach 18 Monaten erfolgt und sind erbittert, dass für sie, die jetzt bald 4 Jahre ihr schweres Los tragen, anscheinend in dieser Richtung nichts geschieht. Einige Abhilfe ließe sich schon hier schaffen dadurch, dass z. B. schwere und unheilbare Kranke befreit oder in gesundheitlich günstig gelegene eigene Kranken- und Invalidenlager verbracht würden. Besonders für Tuberkulose besitzt ja Japan herrliche Plätze an der See und im Gebirge. Es müsste da natürlich eine Sichtung mit Hilfe der größtenteils sehr guten und gewissenhaften Lager- und Lazarettärzte erfolgen, durch deren Zusätze und Streichungen die hier folgende Liste einigermaßen maßgebend würde.

Aonogahara

Sch.,   Kniegelenkschuß, Gehen erschwert.

Bando

W.,   in Besserung befindliche Lungentuberkulose.
H.,   chronische Bronchitis.
W.,   seit 1914 Ganzinvalide, Rippenverletzungen mit inneren Komplikationen, beständig leidend, baldige Heimsendung sehr wünschenswert.
S.,   Tabes, baldige Heimsendung erwünscht.
M.,   Gehirnhautsyphilis.
B.,   Herzklappenfehler mit Hypertrophie, unheilbar.
R.,   Herzbeklemmungen, hochgradige Neurasthenie, Gelenkrheumatismus.

I.,	wiederholt lungenleidend und deswegen bei Kriegsausbruch nur als Freiwilliger eingestellt.
G.,	chronisches, unheilbares Augenleiden, wohl luetisch.
S.,	gemütskrank.
L.,	periodische Psychose, mit Wutanfällen, oft gefährlich und stets beunruhigend für Umgebung. Sollte entfernt werden.
Q.,	früher Tobsucht, häufig Zwangsjacke, noch nicht normal.
K., Sch., Sch., M., V., Sch., B., W., L., B., P.	
	haben sich im Juni 1916 in Matsuyama infiziert und leiden noch an chronischem Tripper, einige, z. B. B. haben positiven Wassermann.
R.,	rezidivierender Hydrops des Kniegelenks.
P.,	leidet seit mehr als einem Jahr an den Folgen einer Kniegelenksverstauchung.
F.,	seit 8 Monaten nierenleidend.
P. und F.,	
	seit Dezember 1914 eitrige Mittelohrentzündung.
L.,	Diabetes insipidus.
M., Sch., S., C. und verschiedene andere	
	leiden an einer Hodenanschwellung nicht venerischer, unbekannter Natur, wie sie in diesem Lager fast epidemisch aufgetreten ist.
J.,	hochgradige Nervosität.

Kurume

M.,	Aszites, wohl hepatogenen Ursprungs, 20mal punktiert, schwierige Pflege und Ernährung, dringend besserer äußerer Verhältnisse bedürftig. Es wurden wiederholt Schritte getan, ihm Erleichterungen zu verschaffen, bisher ohne viel Erfolg. Seine Frau ist in China und würde ihn gerne pflegen, was für den unheilbar Kranken doch schon ein großer Trost wäre.
R.,	hochgradige Neurasthenie.
H.,	der durch Verwundung sein Bein verlor und jetzt ein Holzbein hat.

Nagoya

L., chronische, zeitweise sehr stark juckende Flechte.
E., häufig wegen Dickdarmkatarrh im Revier, daneben Myocarditis und Neurose.
B., geisteskrank, erblich belastet.
S., alte Tuberkulose der Lungen.
B., Herzneurose, Anämie.
E., Magengeschwür, einmal Blutung, häufiges Erbrechen, 20 kg Gewichtsabnahme.

Narashino

L., Nierentuberkulose.
Sch. und R.,
Lungentuberkulose.
V., Wanderniere.

Niinoshima

D., Kieferverletzung, welche Kauen und richtige Ernährung sehr erschwert. Stark heruntergekommen, schlaflos.
T., Knieschussverletzung.
R., mehrfach wegen Appendizitis operiert, schon vor Gefangenschaft. Neurasthenisch, kann den Lärm im Lager nicht vertragen.
R., 8 cm Oberschenkelverkürzung infolge Beckenschuss.
W., lungenkrank.
B., nervöse Herzschwäche mit Ohnmachtsanfällen.
S. und O.,
Lungentuberkulose.
R., alter Knöchelbruch.
R., Herzleiden.

Ōita

Sch., Lungen- und Brustfelltuberkulose.
D., Herzbeschwerden.
D., 50 Jahre alt, chron. Rheumatismus.

Shizuoka

M., schwere Neurasthenie, hysterische Anfälle, Zuckungen, Krämpfe. Stört auch seine Umgebung durch beständige motorische Unruhe, zumal bei Nacht.
L., ebron. Kolitis, mit Schmerzen, Schleim- und Blutabgang.
R., Myocarditis, Neurose mit Anfällen von Schwindel und Bewusstlosigkeit.
J., früher Leberabszess, jetzt Dickdarmkatarrh, Schlaflosigkeit. Da unbemittelt, richtige Kost schwer zu beschaffen.
A., alter Lungenschuss, epileptiforme Anfälle.
B., nicht Kombattant. Koxitis mit 3 cm Verkürzung.
D., chronische Mittelohreiterung.
H., alte Epilepsie.
Sch., seit 4 Jahren nachts stark juckende Flechte.
Ch., in Tsingtau zwei Mal wegen Blinddarmentzündung operiert, hier zwei Mal wegen Leistenbruch, der jetzt wieder rezidiviert ist.
N., Mittelohrentzündung, ursprünglich infolge Geschossluftdrucks. Kopfschmerzen, Schlaflosigkeit, Rheumatismen.
G., Magen- und Darmkatarrh nach Ruhr in Tsingtau, 8 kg abgenommen.
W., 57 Jahre alt, neurasthenisch, Angstgefühle, Schlaflosigkeit.
R., 14 Jahre ohne Unterbruch im Osten, neurasthenisch, Gedächtnisschwäche.

Anhang II [Eingaben]

Bando

Krankenliste und Krankenkassenbericht mit allerlei Wünschen, auch in Hinsicht auf Zuchthaus Takamatsu.

Niinoshima

Kollektivbeschwerde wegen der Kontraktarbeit.
Kollektiveingabe für etwa 160 im Lager befindlichen Zivilgefangenen oder Nichtkombattanten, wovon 6 über 50jährig, zwecks Austausch, Verbringung nach Tsingtau, oder wenigstens Erlaubnis für die in China befindlichen Angehörigen nach Japan zu kommen, wenn auch vielleicht nur für ein paar Sommermonate.

A.,   Unterstützung dieser Eingabe.
H., H., K., R., R.,
        persönliche Eingaben im obigen Sinne.
O. und S.,
        bitten um Austausch oder Entlassung wegen Lungentuberkulose.
B.,   um bessere Unterbringung wegen nervöser Herzschwäche mit Ohnmachtsanfällen.
T.,   ersucht um Nachforschung, wo 200 von seinem Vater abgesandte Yen geblieben sind, die nach hier erteilter Auskunft nicht in Japan ankamen.
G.,   bittet, seine Frau in Andermatt (Schweiz), von seinem Wohlbefinden in Kenntnis zu setzen

Ōita

T.,   an Herrn Minister von Salis abgegeben.
G.,   ebenfalls, Denkschrift allgemein völkerrechtlichen Inhalts.

D., D., Sch.,
    bitten um Austausch, Heimsendung oder bessere Unterbringung aus Gesundheitsgründen (siehe Invalidenliste).

S.,
    trug mir mündlich den in früheren Eingaben geäußerten Wunsch vor, es möchte seiner in China weilenden Familie gestattet werden, nach Japan zu kommen.

Anhang III [Tabelle der Kriegsgefangenlager]

Tabelle

Lager	seit	
Tōkyō	12. November 1914	nach Narashino verlegt
Narashino	7. September 1915	
Shizuoka	9. Dezember 1914	nach Narashino verlegt
Nagoya	14. November 1914	
Osaka	16. November 1914	nach Niinoshima verlegt
Niinoshima	19. Februar 1917	
Himeji	14. November 1914	nach Aonogahara verlegt
Aonogahara	20. September 1915	
Tokushima	3. Dezember 1914	nach Bando verlegt
Marugame	14. November 1914	nach Bando verlegt
Matsuyama	12. November 1914	nach Bando verlegt
Bando	9. April 1917	
Ōita	4. Dezember 1914	nach Narashino verlegt
Fukuoka	13. November 1914	nach Narashino verlegt
Kurume	3. Oktober 1914	
Kumamoto	16. November 1914	nach Kurume verlegt

Zur Geschichte der deutschen Kriegsgefangenenlager in Japan seit Anfang, 12. November 1914 bis September 1918. (Man beachte die seit unserm Lagerbesuch vorgenommenen Veränderungen.)

Außerdem wurde Kurume seit unserem Besuch um 167 Mann entlastet, wovon 12 am 4. August 1918 nach Aonogahara verbracht wurden. 15 am 5. August nach Nagoya, 50 am 6. August nach Narashino und 90 am 7. August nach Bando.

Todesfälle sind seit unserem Besuch bis anfangs September 1918 zwei vorgekommen, einer in Aonogahara (Selbstmord durch Ertränken im Ziehbrunnen) und einer im Lazarett Hiroshima, aus dem Lager Niinoshima, an Magenkrebs und Diabetes melhitus. Dadurch kommt die Gesamtzahl der Todesfälle in allen Lagern von Anbeginn bis Anfang September 1918, also in einem Zeitraum von fast 4 Jahren auf 40. Die in den einzelnen Lagerberichten angegebenen Todesfälle beziehen sich natürlich nur auf diese Lager und schließen die der zur Zeit unseres Besuchs schon aufgehobenen Lager nicht ein, weshalb aus ihnen die Gesamtzahl nicht ersichtlich ist.

Anhang IV: Krankenbericht des Lagers Bando

Halb- und Ganzinvalide, die austauschfähig sind resp. im Februar 4917 ausgetauscht werden sollten:

A.W., 23 Jahre alt, wurde Oktober 1916 lungenkrank – Tuberkulose – ist seitdem in ärztlicher Behandlung im Lazarett Marugame und Revier Bando; Heilung fortgeschritten, jedoch nicht ausgeheilt.

A.H., 31 Jahre alt, erkrankte Ende 1916 an Bronchitis, welche sich zu einem Lungenleiden entwickelte und befindet sich seit jener Zeit in ärztlicher Behandlung.

K.W., etwa 36 Jahre alt, seit 1914 Ganzinvalide, anscheinend Verletzung von 2 Rippen und andern schweren inneren Leiden – Knochenschwund (?); ärztliche Behandlung ändert nichts an seiner Krankheit, lindert auch seine Schmerzen nicht. Austausch resp. baldige Heimsendung dringend erwünscht.

B.S., 34 Jahre alt, erkrankte Mai 1918; beginnende Rückenmark-schwindsucht. In Bando sowie im Lazarett Tokushima keine Spezialbehandlung möglich; baldige Heimsendung erwünscht.

E.M., 26 Jahre alt, seit August 1915 leidend, von August 1917 bis jetzt dauernd in ärztlicher Behandlung im Lazarett Tokushima und Revier Bando.

R. B., 26 Jahre alt, Herzklappenfehler und Herzerweiterung, hat bei den geringsten Anstrengungen Herzklopfen, ebenso nach dem Essen, besonders während der heißen Sommermonate. Zeitweise Stiche und krampfartiges Gefühl in der Herzgegend. Von den japanischen Ärzten behandelt und als unheilbar und völlig dienstuntauglich erkannt.

G.R., 36 Jahre alt, hatte Juli 1912 die ersten Herzbeklemmungen, wurde Febr. 1913 von Tsingtau nach Deutschland gesandt, und erholte sich daselbst wieder. Kam Januar 1914 wieder heraus nach Tsingtau, litt während der Belagerung wieder an Herzbeschwerden und nervösen Störungen, zu denen Oktober 1916 in der Gefangenschaft noch Gelenkrheumatismus trat und hochgradige Neurasthenie; seitdem ständig in ärztlicher Behandlung im Lazarett Tokushima und Revier Bando. Hat wiederholt Anfälle gehabt, bei denen für kurze Zeit Gesicht und Unterarme gelähmt sind.

K.I., 23 Jahre alt, hat schwache Lunge und wurde deshalb in Tsingtau als dienstuntauglich abgewiesen und bei Kriegsausbruch nur als Freiwilliger eingestellt. Selbiger ist dauernd mit Zwischenräumen in ärztlicher Behandlung.

H.G., 27 Jahre alt. Untersuchung im Lazarett Tokushima und Behandlung haben ergeben, dass sein Augeleiden unheilbar ist. Linkes Auge äußerst geschwächte Sehkraft mit Eiterabsonderung (rechtes Auge zurzeit noch 8/10 normal), Zeitweilig heftige Schmerzen. Der Kranke selbst führt das Leiden auf Chininvergiftung zurück infolge zu starker Dosen dieser Medizin während seiner Malaria Erkrankung in den Jahren 1913 - 16.

H. S., 27 Jahre alt. Nach verbüßter einjähriger Zuchthausstrafe für Fluchtversuch (1916/17) weist er Anzeichen von Nervenkrankheit auf. Er ist äußerst empfindlich und sehr leicht reizbar; soll zeitweilig Selbstmordgedanken haben.

Nerven und Geisteskranke:

E.L., 31 Jahre alt, wies im Sommer 1916 die ersten Anzeichen heftigen Nervenleidens, das sich in Wutanfällen und Depression des Gemütes äußerte, und kam auf 2 Monate ins Lazarett in Matsuyama. Seitdem folgen Zwischenzeiten ruhigen Wesens, Tage und Wochen von nervöser Gereiztheit, Wutanfällen, verbunden mit Geistesgestörtheit, während welchen er die verschiedensten Unarten vollbringt. Er bringt Unruhe ins ganze Lager und ist zeitweilig wohl eine ernste Gefahr für dasselbe aus diesem Grunde ist es sehr wünschenswert, dass er sofort außerhalb des Lagers untergebracht wird.

H. Q., 30 Jahre alt, kam im August 1915 infolge völligen Zusammenbruchs des Nervensystems (Tobsucht) ins Lazarett Matsuyama, wo er 1 ¾ Jahre verblieb und häufig in Zwangsjacke gehalten wurde. Wenngleich er hier in Bando besser geworden ist, so ist laut Ansicht seines Pflegers, Erich Noltemeier, Gefr. d. Bes. 2 Komp. III See Bat., sein Zustand noch weit von dem eines geistig gesunden Menschen entfernt. Infolge der nun einmal in der Gefangenschaft herrschenden Zustände wird er die völlige Gesundheit hier wohl nie wieder erlangen.

A. G., 42 Jahre alt, nervenkrank, litt in Matsuyama ausgesprochen an Verfolgungswahn und zeigt auch noch hier Symptome dieser Krankheit. Er war seiner Zeit als Austauschgefangener vorgeschlagen.

Dauerkranke, deren Leiden eine energischere resp. Spezialbehandlung erfordert:

11 Mann wurden in Matsuyama im Juni 1916 infolge Ansteckung geschlechtskrank: ihr Anfangsleiden Tripper wurde teilweise im Revier oder im Lazarett Matsuyama behandelt, jedoch ohne endgültigen Erfolg. Nach der Verlegung des Lagers nach Bando – April 1917 – setzte eine weitere, mehr oder minder zeitlich ausgedehnte Behandlung im Revier mit verschiedenen Mitteln ein, trotzdem sieht sich heute keiner der Leute tatsächlich als geheilt an. Blutproben wurden von einigen der Leute genommen, die laut Wassermannscher Reaktion auf Syphilis hindeuten, so dass die übrigen Leute sehr niedergeschlagen sind, da sie dasselbe Ergebnis befürchten.

Da nach 2jähriger Behandlung das Leiden bei den meisten der oben angeführten Leute nicht behoben, sondern eher schlimmer geworden ist, ist eine energischere Spezialbehandlung am Platze.

R.R., 40 Jahre alt, verunglückte Januar 1915 in Tokushima beim Sport. Er knickte mit dem rechten Knie nach innen um. Heißluftbäder und tägliche Massagen brachten Heilung. Rückfall Februar 17.; Behandlung wie oben, aber unregelmäßig. Seitdem Knie immer schwächer. 5 weitere Rückfälle. Durchleuchten mittels Röntgenstrahlen ergab keine Verletzung und keine Abweichung vom gesunden Knie, jedoch angeblich eine zu große Menge Flüssigkeit im Gelenk. R. befürchtet dauernde Invalidität des Knies, falls keine weitere Behandlung eintritt.

R.P., 37 Jahre alt, hat seit 1915 ein Darmleiden, das sich von Jahr zu Jahr verschlimmert; er wurde in Marugame vom Lagerarzt auf Blinddarm behandelt. Hiesige Behandlung im Revier hat keine Besserung gebracht. Ende April 1917 verstauchte er sein linkes Knie; trotz Massage und Heißluftbädern ist das Knie noch nicht in Ordnung.

R.F., 29 Jahre alt, leidet seit 8 Monaten an einer Nierenkrankheit, Steifheit in den Lenden, Druckschmerz der Lendenwirbel, zeitweilig Blut im Urin. Trotz ärztlicher Behandlung – allerdings nur hier im Revier – ist das Leiden nicht behoben, sondern in letzter Zeit wesentlich schlimmer geworden.

E.L., 24 Jahre alt.

G.F, 28 Jahre alt.

Beide seit Dezember 1914 leiden an Mittelohrentzündung und sind seitdem in ärztlicher Behandlung im Revier mit gelegentlicher Untersuchung im Lazarett. Tägliche Eiterabsonderung seit 1914 und tägliche Behandlung.

F.P., 36 Jahre alt, leidet seit fünf Monaten an starker Hartleibigkeit verbunden mit sehr großem Durst, so dass er trotz größter Einschränkung täglich 5-6 Liter Wasser trinken muss. Schweißabsonderung, selbst bei größter Hitze, sehr gering. Starkes Schwächegefühl und nervöse Reizbarkeit. War vorübergehend in Revierbehandlung, ohne Besserung zu erzielen.

G.M. und F. S.

Beide seit ca. 3 Monaten Anschwellung eines Hodens- und Samenstranges. Wechselnde Behandlung durch den Arzt ohne endgültigen Erfolg. Fühlbarer fester Knoten am Samenstrang in Bildung.

Hoden-Anschwellungen sind seit 1 Jahr sehr häufig aufgetreten, teilweise durch Ruhe und Umschläge geheilt, teilweise hat sich Heilung sehr in die Länge gezogen. Ursache der Krankheit in den meisten Fällen unbekannt. Außer obigen zwei haben zurzeit noch verschiedene andere Leute das Leiden.

I., hochgradige Nervosität.

Da fast die Hälfte des Lagers aus alten Ostasiaten besteht – Landwehr und Reserve – die sieh zum Teil schon seit 10 Jahren und länger hier draußen aufgehalten haben, liegt es nahe, dass sich solche Leute bei vorkommenden Krankheiten gern brieflich mit ihrem früheren Privatarzt in Verbindung setzen möchten, der ihren Körper und dessen Gebrechen durch die jahrelange Behandlung genau kennt. Wir bitten höflichst bei dem Lagerkommandanten, Herrn Oberst Matsuye die Erlaubnis zu erwirken, uns in solchen Fällen mit Herrn Professor Dr. von Schah in Schanghai und mit Ihnen, Herrn Dr. Paravicini, brieflich in Verbindung setzen zu dürfen.

Ernährung und Unterkunft der bestraften Gefangenen im Zivil-Gefängnis in Takamatsu:

Nach Aussagen von Mannschaften, die nach verbüßter Strafe von Takamatsu ins Lager zurückgekommen sind, ist die Ernährung im Gefängnis vollkommen unzureichend. Beschwerde des Seemannes B. während seiner Haft über das Essen, hat dazu geführt, dass er in Ketten gelegt wurde. Das Essen wurde nicht besser. Die Hygiene im Gefängnis ist absolut ungenügend, Ratten und anderes Ungeziefer sind eine unerträgliche Plage in der Zelle.

Der Besuch des deutschen Geistlichen ist seit November 1917 vom japanischen Justizminister nicht mehr erlaubt und bitten wir höflichst dahin zu wirken, dass die Seelsorge wieder aufgenommen wird.

Die nach längerer Strafe zurückgekehrten Leute waren körperlich und geistig vollkommen heruntergekommen; einer von ihnen, der Gefr. S., leidet seitdem unter starken seelischen Depressionen.